JN274906

増補改訂

死の「壁」を超える

スーパー・ラブ

Super Love

坂本政道

増補改訂版の発刊にあたり

本書「スーパー・ラブ」は２００４年８月に初版が出版されましたが、その後、２００５年11月に第４刷が出て以来、長らく絶版状態が続いていました。

それ以降、「あの本は大好きなので、知り合いにあげたいと思うのに、もうないんですね」と、残念がられることがしばしばありました。

ただ私としては２００５年以降にさらなる発見をしていたので、そのままの形で増刷することには抵抗を感じていました。できるなら新たに発見したことがらを盛り込む形に本書を書き換えたいと常々思っていたのです。

そういった折、今回、ヘミシンクＣＤ「Waves of Love」とセットという形（一部は本単体で販売）で出版する機会を得て、いよいよ改訂作業に取り組みました。

オリジナルの持つ良さもできるだけ残しながら、最新情報も盛り込むということは、それほどたやすいことではありませんでしたが、なんとかやり遂げることができました。

今回特に筆を加えたのは、具体的な方法論のところです。その中のひとつとして、愛情体験を思い出すということを書きました。それがスーパー・ラブの源とのつながりを回復するために、あるいは、本当の自分とのつながりを思い出すために、とても大切なのです。

今回セット販売するヘミシンクＣＤ（一部ではＣＤは別売）は、愛情体験を思い出す際に聴くと、とても効果があります。単に聴いているだけでも、癒され、愛情でいっぱいになります。

それから、もうひとつ今回最後のほうに書き加えたことがあります。それは、ある意味どんでんがえしみたいな内容になっています。ここではあえて伏せておきます。楽しみにしてお読みください。

２０１１年（平成23年）３月に起きた東日本大震災で多くの方が被災され、ご家族や知人、家、財産、職を失うという体験をされました。その後は避難所での不自由な生活を余儀なくされています。

諸行無常の世の中、すべてのものはいずれは失われるもの、頼りになるものは何もないと古来より言われてきましたが、今回ほど、それが如実に現れたことはなかったのではないでしょうか。

こういう移り行く世の中で、けっして失われることのない、永久（とわ）の幸せを得るにはどうすればいいのか、そもそも永久の幸せなどというものがあるのか、ということについて書かれたのが本書です。初版より7年が経ちましたが、その内容はけっして色あせず、むしろ、今、この変動の時代にこそ求められていると確信しています。

２０１１年６月

坂本政道

まえがき

幸せになりたい、とだれもが思っています。どうしたら幸福を得られるか、何か秘訣はないのかと、みな模索しています。

人生を生きていく目標は、幸せになること、このことひとつでしょう。

それは、新宿のホームレスの人から、アメリカの大統領まで同じでしょう。

でも、一体どれだけの人が今幸福だと心から思えているでしょうか。幸せを満喫しているでしょうか。

みなが幸せを求めていながら、幸せはなかなか得られないものです。得たと思っても、するりと私たちの手の中から逃げていってしまいます。

どうしたら、逃げることのない、失うことのない幸せを手中に収めることができるのでしょうか。

そもそも世の中に消えることのない幸せなんてあるのでしょうか。

この本はこういった疑問についてお答えします。幸せになるための真理を述べたものです。

そういう点で、今までにあった「幸せ本」とは趣を異にしています。

ここにお話しすることは、アメリカのロバート・モンローらによって発見された驚くべき事実を基にしています。

ロバート・モンローにより設立されたアメリカのモンロー研究所では、人間の意識や精神について40年以上にわたり研究を重ねてきました。私たちの意識状態について、特に変性意識と呼ばれる状態について、今までにいくつもの驚異的な発見がなされてきました。

モンロー研究所で開発されたヘミシンクという音響技術を使うと、だれでも変性意識を体験することができます。

たとえば、体外離脱と呼ばれる状態を体験したり、死後の世界について探求できます。あるいは自分の過去世を再体験したり、ガイドと呼ばれる高次の意識存在や知的生命意識と交信したりできます。

私は2001年より今までにモンロー研究所を数十回にわたり訪問し、そこで自らそういった意識状態を体験してきました。その内容は『死後体験Ⅰ〜Ⅳ』（ハート出版刊）に書かれています。

ロバート・モンローらが体験を通して明らかにしたことがらは、実に幅広い範囲にわたっています。そこには、死後世界の構造、人間意識の構造、遠い過去からの意識の遍歴、宇宙と意識のかかわり、輪廻からの卒業などが含まれています。

中でも、幸せになるためにはどうすればいいのかについて、貴重な発見がありました。

ここでお話しすることは、ヘミシンクを聴くことであなたも体験できることばかりです。

まず初めに、幸せについて、どうすれば幸せになれるのかについて、お話したいと思います。

次に第二部では死の恐怖をなくすにはどうしたらいいのか、それについてお話します。

第三部では、死を超えて持っていくことのできるような幸せについてお話しします。それは輪廻からの卒業と関連しています。

モンロー研究所で見出されてきたことがらは、仏教で説かれていることと似ている面が多々あるように思えます。そこで第四部では、仏教との比較を試みます。

また本書ではところどころで仏教で使われる言葉を使っています。そのほうが日本人の私たちにはなじみがあり、わかりやすいと思えるからです。モンローの本を読んでも、こういう仏教の言葉が使われているのではありません。ご了解ください。

この本を読まれて、あなたも幸せへの第一歩を踏み出していただければ、幸いです。

もくじ

本文扉写真――坂本政道

第一部　本当の幸せを手に入れるには

第一章　幸せとは

人はみな幸せになろうと日々あくせくしています。幸せになるにはどうすればいいのでしょうか。何かこうすれば絶対に幸せになれるという秘訣はあるのでしょうか。「幸福になる秘訣」とか「運を引き寄せる方法」、「こうすれば金運が良くなる」といったタイトルの本はベストセラーの中に必ずひとつやふたつ入っています。いかにみな幸福になりたいと思っているかわかります。

幸せになるためには、まず幸せとは何かを知る必要があります。もっといえば、幸せの本質とは何か、ということです。

これはちょうど、フランスへ旅行に行く人がフランスについてガイドブックやインターネットで前もって調べておくのと同じです。

まず幸福とは何か、それから説明していきましょう。

幸せとは何か

幸せとは何でしょうか。私たちが幸せだと感じるのはどういうときでしょうか。
それは具体的に書くと、こんなものでしょうか。

●大金が儲かる、財産が増える、事業が成功する、立派な家を持つ、ブランド品が買える。
●大学に合格する、出世する、権力が振るえる、有名になる、人からほめられる、人から認められる、美しくなる、かっこ良くなる。
●食べたいものを腹いっぱい食べられる、美食ができる。
●思いっきりセックスができる。
●健康である、リラックスしている、疲れていない、若さを保つ。
●不安心配がない。
●好きな人と結婚できる、みなから愛される、子供に恵まれる、家族が幸せである。
●心の底から大笑いする。
●感銘する、感動する、知的好奇心が満たされる、好きなことに没頭できる。
●創造的なことができる、創造性を発揮できる。

こう見てくると、ほとんどの場合、幸せとは私たちの「欲」が満たされた状態だということがわかります。「欲」とは、大まかに言うと、財欲、食欲、色欲、睡眠欲、名誉欲を指します。

これら以外にも物欲、自己顕示欲、我欲、権勢欲、独占欲、支配欲、生存欲、生命欲という言葉も聞かれたことがあるでしょう。

幸せとはこういった「欲」が満たされた状態だと言いましたが、これらについて少しずつ説明していきましょう。

欲を満たして得る幸せ

たとえば、お金が儲かったり財産が増えて幸せを感じるのは、私たちの財欲が満たされるからです。財欲とはお金や家屋敷などの財産が欲しくて欲しくてたまらない欲求です。物欲という言い方も聞きます。たとえば、あの人は物欲の強い人だ、という表現です。

ブランド品が買えてうれしいのは、財欲とさらに自己顕示欲が満たされるからでしょう。自己顕示欲とは、私のほうがみんなよりも金持ちなんだ、すてきなんだ、魅力的なんだと自慢し、少しでも他人を蹴落としたいと思う欲求です。美しい服を着たい、ベンツに乗りたい、テレビに出たい等々、みなこの自己顕示欲のなせるわざです。

出世し権力が振るえることで、にんまりするのも自己顕示欲からです。権勢欲という言い方もします。代議士になって、みなから先生と呼ばれ、人をあごで使って喜んでいる人たちは、この権勢欲のとりこになっているのです。

有名になったり、人からほめられてうれしいのも自己顕示欲と、もうひとつ名誉欲からです。慈善活動をする人たちの中で、わざわざ注目される国、場所へ行く人たちがいますが、これは、人から注目されたい、立派な人と言われたいという名誉欲、自己顕示欲が裏にあるからです。

私たちがそういう人たちをどうも胡散臭いと直感するのは、自分にもそういう心があるのですぐにピンと来るからです。どうごまかしても、美化しても、私たちにはわかってしまいます。

慈善活動をされる方を非難しているのではありません。これが私たちの否定しがたい心の実態だと言いたいのです。自らのこういった心に気づかずに、自分は本当にすばらしい人間だと思って慈善活動をされている人がいたとしたら、その人は本当に胡散臭い人だということになります。

世に冒険家と呼ばれる人たちがいます。わざわざ命を危険にさらしてまで、今まで誰もしていなかったことに挑戦する人たちです。世界最高峰に登ったり、そりで極寒の地を走破したり、深海に潜ったりと、彼らの挑戦は終わりを知りません。彼らがもし誰からも注目されなかったら、誰からも賞賛されなかったら、あんなことはしないだろうと思いませんか。背景には自己顕示欲、名誉欲があることは言を待たないでしょう。欲はときに人の命さえも二の次にしてしまいます。欲にはこれら以外にも、食欲、色欲（性欲）、睡眠欲があります。

おなかがいっぱいになって満足するのは食欲が満たされたからです。ただ単におなかがいっぱいになるだけでは飽き足らず、もっと美味しいものが食べたい、めったにない珍品を食したいと、どんどんエスカレートします。

セックスに関連する欲は色欲ですが、そう直接的でなくても、たとえば美しく着飾って異性に好まれたいと思うのも色欲のなせるわざです。色欲というのは、歳を重ねたらなくなるのかというと、そうでもないようですね。80歳の女性が、75歳の男性を色恋ざたで殺したりしていますから。

睡眠欲とは、眠りたいという欲ですが、楽をしたい、休息を取りたい、怠けたい、ずるけたいというのも睡眠欲が形を変えて現れたものです。人間、常日頃考えているのは、どうしたら楽をできるか、です。

このように私たちが幸せを感じるのはほとんどの場合、こういった欲が満たされた場合であることが、おわかりいただけたでしょうか。

欲が強ければ強いほど、また欲を満たすためにしなければならない努力が大きければ大きいほど、欲が満たされたときに感じる幸せは、大きなものになります。

逆に言えば、達成したときの幸せの大きさがわかっているから、どんな努力も苦にならないのです。これについてはここであえて説明することもないでしょう。

幸せは欲が満たされた状態だと言いました。こう言うと、

「そんなことはないです、欲と関係ない幸せだってありますよ」

とすぐに言われそうです。

そうなんです。欲と関係ない幸せは確かにあります。だから、「ほとんどの場合」と言ったのです。欲がらみでない場合があるからです。それは、感銘、好奇心、創造性という要素がからんできた場合です。たとえば、名曲の演奏を聴いて心を打たれた場合に、人は感動を覚え、ある種の幸福感に満たされます。これは欲には関係ないでしょう。

それから、忘れてはいけないのは、愛情がからんできた場合です。私たちは家族や人に愛されているとき幸せな思いになります。ただ、愛情の場合、必ずと言っていいほど欲の心を伴いますので、欲と関係ない幸せの中に入れていいか、そんなに簡単ではないのです。

これについては後でお話しましょう。

ここで勘違いされては困るのは、欲を満たして幸せになることを、私は何も悪いこととか、価値がないとか言ってるわけではないということです。

欲があるから、人類の文明はここまで進歩してきました。少しでも楽をしたい、安全に暮らしたい、豊かな生活を送りたいとみんなが努力してきたからこそ、今の文化的な社会があるわけです。

ここで明確にしたかったことは、幸せと欲の関係です。その関係を知ることが、幸せになるための第一歩なんです。この関係を知らないと幸せにはなれません。

私たちが欲が満たされて幸せを感じるのはなぜでしょうか。

欲を満たそう、幸せになろうと日々あくせくしているのはなぜでしょうか。

それは、私たちの魂が遠い過去から、この地球物質界という熾烈な生存競争の場で、輪廻し進化してきたからです。これについては後でお話します。

厳しい競争原理の中で輪廻してきた私たちの魂の中に、「生き残り子孫を残せ」という行動原理が深く刻印されています。動物の場合、それは単純で直接的な形で現れます。生存欲、食欲、睡眠欲、それに子孫を残す欲としての性欲です。

それが人間の場合には、社会的な枠組みの中で特殊な形をとるようになりました。動物的な直接的な欲求と、それらが人間社会の中でゆがめられ抽象化された結果、財欲、物欲、自己顕示欲、権勢欲、独占欲、色欲、名誉欲などとなりました。

欲が満たされるということは競争に勝つということです。勝者はその対価として幸福感、満足感を感じるようになりました。

その反対に欲が満たされなかった場合には、不満、怒り、恨み、ねたみ、そねみ、憎しみといった悪い感情が生まれました。

欲と幸福感の関係について説明してきましたが、ご理解いただけたでしょうか。私たちが幸せと感じるのは、ほとんどの場合、自分の欲が満たされた場合なのです。

欲にはきりがない

次に、「欲にはきりがない」ということについてお話します。

幸せになりたい、つまり欲が満たされた状態になりたいとみな願っています。ところが、とても大切なことなのに、みなが知らないことは、人間ひとつの欲が満たされると、すぐ別の欲が出てくるということです。

たとえばあなたが株で大儲けしたとしましょう。サラリーマンが一生かかって稼ぐ額の10倍ぐらい一挙に儲かったとします。あなたは今後いっさい働く必要はありません。一生好きなことをしていい。こうなった場合を想像してください。

あなたはもう大満足して、それ以上何も求めなくてもいい満ち足りた状態になるでしょうか。日々ニコニコして過ごせるでしょうか。おそらく儲かった当初はそうでしょう。

女性なら今まで喉から手が出るほど欲しかったルイ・ヴィトンやグッチ、セリーヌ、フェンディ、プラダなどのブランド品を買いまくるでしょう。何百万円もするダイヤの指輪を買うかもしれません。男性ならベンツやポルシェを買うでしょう。どこかの避暑地に別荘を建ててもいいでしょう。あるいはファーストクラスで海外旅行に行くことも可能です。

でも1年もしないうちにそういったことにも慣れてきます。もうあんまり価値を見出さなくなってきます。だからどうしたという気になってきます。

これはお金を持っていない人から見たら大変贅沢な状態です。でも海外旅行も年に一度か二度ぐらいで十分です。あまり行き過ぎると体をこわします。

プラダのバッグだって5個も必要ありません。車も3台あればそれ以上は必要ありません。家だって3軒あればもうたくさんでしょう。火災保険や固定資産税がバカになりませんから。

確かにお金の心配はなくなりました。お金で苦労することはなくなりました。何でも好きなとき好きなだけ買うことができます。

仕事も辞めて、仕事のストレスからも解放されました。もう上司に小言を言われたり、業績のことで頭を悩ますこともありません。何もしないで家でぶらぶらしているのも体によくありませんから、適当なときちょっとだけ気晴らし程度に仕事をすればいいのです。それも自分の趣味の域を出ない程度の仕事です。

でも、それで大満足の生活が送れるでしょうか。大安心でしょうか。不安、心配はなくなったでしょうか。

確かにお金に関するストレスからは解放されました。今までいかに多くの時間と労力をこのために割いてきたか、わかります。へたをすると自分の時間とエネルギーの90%は、このために使われていました。

このお金のストレスから解放されたことは確かに大きいでしょう。

でも、それで不安、心配はないか、と言うと、そんなことはありません。

お金以外のことは相変わらずです。お金では買えないこと、実現できないことがたくさんあるのです。それが逆に見えてくるのです。

自分の健康が今ひとつ良くない人はそちらが気になりだします。

夫婦関係が思い通りにはいってない人は、そのことで不満を持つようになります。男性なら愛人を囲いたいと思い始めるかもしれません。

子供に恵まれていない人は子供がほしくなるかもしれません。

有名になって皆からすごい人だと思われたくなるかもしれません。つまり自己顕示欲を満たしたくなるのです。手っ取り早く有名になるのにはどうしたらいいかと考え出すでしょう。多額の寄付をするというのも一案です。赤十字なら勲章をくれるでしょう。あるいは本を書こうと思い立つかもしれません。

有名になることに興味のない人でも、若さを保ちたいとか、若返りたいという欲求は万人共通です。健康食や美容に大金をつぎ込むようになります。それでも老けていく現実にどうしようもない不満を持ち始めます。しまいには不老長寿の薬を求めるようになるのです。

この道は過去の権力者たちが通った道です。秦の始皇帝は不老長寿の妙薬を求めて、日本まで探検隊を派遣したと言われています。

つまり、お金がいくら儲かっても、次にお金以外の満たされていない欲が大きく首をもたげてくるのです。どういう欲が強くなってくるかは人さまざまでしょう。その人が幸福でない、満たされていないと感じているところがクローズアップされてきます。

つまり、お金が満たされても、別のことが不満に思えてくるのです。そしてそっちのほうが気になりだして、ちっとも幸福ではなくなってきます。奥さんと喧嘩ばかりしていて、ついには逃げられてしまった人は、そのことで不幸のどん底に落ちるでしょう。

奥さんとの仲がよくても、今度は子供の受験のことが心配かもしれません。子供が学校でいじめにあっているかもしれません。子供が病気になるかもしれません。ともかく、お金がいくら儲かっても、それ以外のことで人間いくらでも不幸になりうるのです。

私がここで強調したいのは、人の欲にはきりがないということです。ひとつ満たされても、次から次へと満たされていない欲を満たそうと、必死になるのです。これには終わりがありません。そのため、けっして満足が得られないのです。

ですから、欲を満たして幸せになろうとしても、得られる幸せは中途半端なもので、完全に満足したとか、心の底から安心したとか、そういうものではありません。

根本にあるものは生命欲

さまざまな欲がありますが、その中でもっとも根本にある欲は何でしょうか。

それは自分が死に直面した状態を想像してみればわかります。

たとえば、凶悪犯があなたを拉致した場合です。ナイフを突きつけて命を脅してきたら、あなたは何と言うでしょう。「お金も財産もみなやるから、命だけは助けてくれ」と、間違いなく叫んでいるに違いありません。

財欲だ、色欲だと言っても、それは命あっての話です。いざ自分の命が危険にさらされると、それどころではありません。つまり、生命欲が一番強い、すべての欲に優先するということがわかります。

これは前にお話した欲が生まれてきた過程を振り返ってもわかります。地球生命系という弱肉強食の世界で、ともかく生き残りたいという強い欲求がすべての根源でした。つまり生命欲がさまざまな欲の根本にあるのです。

これが満たされることが、人が生きていく上で最重要課題であるとも言えます。

逆に言うと、財産や地位、名誉、健康、家族などを失うときに感じる不幸に比べて、自分の命を失うときの不幸は比べ物にならないぐらい大きいと言えるのです。だからこそ、私たちは死に瀕すると、筆舌に尽くしがたい苦しみを受けるのです。これを無視したり、忙しくして考えないようにしたりするのは、現実逃避ということでしょう。死の苦しみが、すべての苦しみの根源にあると言われるのも納得できます。

このように死の恐怖は生命欲の裏返しだと言えます。生命欲が強ければ強いほど、死の恐怖も大きくなるのです。

つまり、幸せになるには、「死の恐怖をなくすこと・生命欲を満たすこと」が、とても重要な要素であることがわかると思います。私たちは肉体の死は免れませんが、死の恐怖をなくすことができたら、それは幸せを得る第一歩でしょう。

欲と無縁の幸せはあるのだろうか

欲とは無縁の幸福があると、言いました。

次はそれについて見てみましょう。

【心からの笑い】

私たちはテレビでお笑い番組を見て、思わず声を上げて笑ってしまいます。このとき私たちは何とも言えない幸福感に満たされます。この幸福感は欲と関係あるのでしょうか。そうではないでしょう。何かの欲が満たされたわけではないと思います。

もちろん人の失態を見て笑うという場合は、人を小馬鹿にしているわけですから、それは少しでも人の上に立ちたいと思う欲がその背後にあります。

ここで言う「心からの笑い」は、そういうものではなく、もう少し高尚なものです。

【知的好奇心】

次に、好奇心が満たされたときの満足感はどうでしょうか。特に知的好奇心が満たされたときです。誰でも、何かわからないことがあると、知りたくなりますよね。それがわかったとき、何ともいえない満足感を感じます。

あれは何かの欲が満たされたから得られたのでしょうか。もちろん知識欲という言葉はあります。知的好奇心とひと言でいっても、下劣なものから高尚なものまであります。こういう知的好奇心の中でも、特に「宇宙の真理を知りたい」という欲求は、地球生命系の中を生き抜くことで生まれた「欲」とは異なるものだと思います。もっと崇高なものだと思えます。

【感銘】

そしてもうひとつ、感銘して幸福感に浸るということがありますが、これは何かの欲と関係するのでしょうか。

私たちは時として大自然の美しさに心を打たれたり、すばらしい音楽の演奏に感銘します。また美しい絵画に感動することがあります。感動のあまり涙がこぼれることすらあります。このように感銘することで得られる幸福感、至福感というのも欲とは無縁ではないでしょうか。

【創造】

それから、何か新しいものを作り出すことができたときに感じる喜びには、自己顕示欲以上のものがあります。芸術家ではなくても絵を描いたり、粘土細工をしたりしたことはあるでしょう。そのときに何かを創造する喜びを感じたことはありませんか。技術者なら何かを発明したり、新商品を開発したときの喜びは、単に名誉欲や自己顕示欲以上のものがあったでしょう。たとえ、誰にも認められなくても、何かを創造するときに得られた喜びは、欲を超えたものだと思えませんか。

心からの笑い、知的好奇心が満たされて得る満足感、芸術や自然に感銘して得る幸福感、新しいものを創造したときの喜び、これらは非常に崇高なものです。私たちの欲に起因したものではありません。欲とは無縁の幸福と言えるでしょう。

愛がもたらす幸福感

次に愛のもたらす幸福感について見てみましょう。愛は欲と無縁でしょうか。これは次の章で詳しくお話しますが、ほとんどの場合、欲がからんでいます。けっして欲と無縁ではないのです。たとえば、夫婦の間の愛には、一見するだけで、性欲、独占欲、あるいは支配欲が見て取れます。

ただ愛には他の欲には感じられない、何かしら、すばらしさがあります。癒しの力、救いの力があります。これはなぜでしょうか。おいおいお話していきましょう。

ガラス細工の幸せ

ここまで、私たちがどういう場合に幸せと思うか、見てきました。そして、私たちの知っている幸福を分析してみると、大きく分けて３つの場合があることがわかりました。

⑴ 自分の欲が満たされることで感じる幸せ。
⑵ 欲とは無縁の幸せ。心からの笑い、知的好奇心、感銘、創造という要素が関係する場合です。
⑶ 愛がからんだ幸せ。この場合は、欲とは無縁ではありませんが、何かしら他の欲よりは、高尚な感じがします。

この中で自分の生命欲が満たされることが、もっとも根本にあります。
それでは、私たちはこれらが手に入れば幸せになれるのでしょうか。
まず欲が満たされることで得る幸福はどうでしょう。これについては、前に見てきました。

そこでお話したように、人の欲にはきりがありませんので、けっして満たされることがないのです。また、その幸せも長続きするものではありません。しばしの間、そこそこの幸福感は得られますが、その幸福は、永遠に自分とともにあるわけではありません。いずれ色あせる日が来ます。あるいは、失う日が来ます。何事も永遠ではありえません。諸行無常の世の中なのです。そういう意味で、この幸せはいつ壊れるのではないか、という不安を常に抱えた幸せです。今がいくら幸せでも、あるいは、幸せであればあるほど、その不安は大きいのです。

たとえば何かの形で名声を得たとしても、今度はそれを維持するのにやっきになります。19歳の若さで芥川賞を得た人は、今度はその栄光を失いたくないために、車輪のごとく新作を書き続けなければなりません。当初の幸せは次第に色あせていきます。そのうち苦痛を感じるようにさえなっていきます。

2つ目の心からの笑いや知的好奇心、感銘、創造に関係する幸福感は、もっと短命です。ほんの一瞬、キラ星のごとくに輝きますが、その輝きもじきに失われていきます。

3つ目の愛のもたらす幸福はどうでしょうか。家族の愛、夫婦の愛は、何とも言えない至福をもたらしはしますが、同時に心配、不安のたねにもなります。私たちは子供のことが心配で夜も眠れないことがあります。失うことへの恐れがあります。

ここに挙げた幸せはどれも、ガラス細工の幸せと言ったらいいでしょうか。常に不安と隣り合わせの幸せです。たとえ仮にこういったすべての幸せを一生維持することができたとしても、死は、そのすべてをあなたから奪い取ります。あなたは死と共にすべてを失わなければならないのです。それはたとえてみれば、こんな状況です。

あなたはガラスで作られた繊細で美しい美術品をいくつも両手いっぱいに抱えています。それはあなたに何とも言えない至福を与えてくれます。あなたはこれまで大風が吹こうが、地震が来ようが、このガラスの工芸品を落とさずに大切にしてきました。幸せではありますが、常に落とすんじゃないかと不安でいっぱいです。でも、一生懸命がんばって落とさずに済んできました。

ところが、最後の最後になって、自分が死ぬという人生最大の不幸のときに、それらがひとつずつ落ちてこなごなに砕けていくのです。

最後にひとつだけ残ったのがありました。

それは「命」というガラス細工でした。

それは暗闇の中ひときわ輝いて見えました。

あなたはこれだけは落とすまいと必死になりますが、とうとうこれも落として砕け散ってしまいました。最後には何ひとつ残りませんでした。

死がすべての幸せを奪い去るということは、誰も否定することのできない真実です。死を超えてまで、もって行かれる幸福はないのです。

その意味でこういった一切の幸せは永遠のものではありません。一時の、仮の幸せなのです。こういう幸せは本当の意味の幸せではありません。私たちの求めているのは、永遠に続く幸せです。死を超えて永遠に続く幸せなんてあるのでしょうか。

第二章　本当の幸せ

少し前に、生命欲がすべての根本にあるとお話しました。生命欲が永遠に満たされたら、どうでしょう。永遠の幸せになれるでしょうか。これはすべての人の願いではないでしょうか。あなたは永遠に死なないんですよ、たとえ肉体が死んでも命は永遠なんですよ、と永遠の命の保障をされるのです。何があっても絶対に死なない、不死身で不老不死です。

でもちょっと考えてみるとわかりますが、永遠に地獄にいるんじゃ、いやですよね。いくら永遠の命でも、それじゃ、永遠に苦しまなければならなくなります。地獄にいるのでなくても、どこに行くのか皆目見当がつかない場合にも、不安でいっぱいになります。

ですから、永遠の命だけではだめだ、ということがわかります。本当の幸せとは、永遠の命は最低限必要ですが、それプラス何かです。

ここから先はいくら知恵をしぼってもわかりません。答えは私たちの知っている範囲をいくら探しても得られないのです。諸行無常の世の中と言われるように、世の中のすべては無常、つまり長続きしないのです。永遠のものはないのです。

つまり、世の中の、私たちが経験したことがあるものの中には、答えはないのです。

答えは私たちが体験したことのないもの、世の中に存在しないものにあります。

無条件の愛、それはスーパー・ラブ

モンロー研究所を創設したロバート・モンローは、生命エネルギー・無条件の愛こそがこの答えだ、ということを発見しました。彼はこれを通常の愛とは異なるという意味でスーパー・ラブという名前で呼びました。これは、生命エネルギー・無条件の愛と呼び代えてもいいでしょう。

宇宙にみなぎる生命エネルギー・無条件の愛に満たされることで、永久（とわ）の幸せになれるのです。

え！　生命エネルギーって何？

無条件の愛？

と、思われるでしょう。当然です。だって、私たちが体験したことも、見たことも、聞いたこともないものですから。こういうものが存在するなんて誰も知りません。

でも、確かに存在します。あなたもその片鱗に触れるぐらいならできます。そして適切な努力をすることで、それを体験することが可能なのです。

実は、宇宙のあらゆる存在はすべて生命エネルギーの表出なのです。宇宙には創造的なエネルギーが満ち溢れていますが、それがさまざまな形を取って現れたのが物質であり、生命体であり、大宇宙なのです。

この生命エネルギーは生命力、愛情、知性、好奇心、創造性に満ち溢れています。非常に不思議なエネルギーなのです。全宇宙の生きとし生けるものの生きる力の源、命そのものです。生命エネルギーに満たされることで、あなたは永遠の命が保障されるのです。さらに無条件の愛によってあなたは完全に受け入れられるのです。

先ほど、欲がらみでない幸せとして、心からの笑い、知的好奇心が満たされて得る満足感、芸術や自然に感銘して得る幸福感、新しいものを創造したときの喜びがあると言いました。これらは宇宙にみなぎる生命エネルギーのいくつかの側面にとても良く似ています。

また、私たちが持つ愛情も、純粋な形ではありませんが、その中にこの無条件の愛の片鱗を感じることはできます。

それでは、宇宙にみなぎる生命エネルギー・無条件の愛に満たされるには、どうすればいいのでしょうか。生命エネルギーは私たちが日常体験したことのあるものではありません。そんじょそこらにころがっているものではないのです。

ですから、それを体験し、それに満たされるには、その源からもらうしかないのです。
これについて、本書で順にお話していきます。
結論から言うと、次の過程を経ることが必要になります。

●心のさまざまな障壁を取り除き、心を無条件の愛を受け入れられる状態にする。

●徐々に、より大きな無条件の愛を体験し、段階的にその受け入れ許容度を増していく。

●最終的に無条件の愛の源から大量の無条件の愛を受け取る。

この道は霊的な進歩の道と言ってもいいでしょう。仏教で言うところの、悟りの階梯を上っていくこと、と似ているかもしれません。仏教との比較は第四部に載せました。

私たちははるかな過去からいくつもの生を生きてきています。これを輪廻(りんね)と言います。数限りない回数、人間を生きていますが、人間体験はある種の学校のようなものです。この中で学ぶべきことを学び、卒業することが目的です。でも、だれもそんな目的があることを知りません。そもそも輪廻していることを知りません。ですからそこから卒業できることなど、さらに知りません。

卒業するには、無条件の愛についてしっかりと学ぶ必要があります。そしてそれによって完全に満たされることが必要になります。

ただ、見たことも聞いたこともない無条件の愛を学ぶことは至難の業です。

モンローはその著書『魂の体外旅行』(日本教文社)の中でその難しさを次のように喩えています。

「歌をまったく聞いたことがなく、歌詞もメロディーも音程も知らず、更に悪いことには自分に声帯があること、また声を持っていることさえも知らなかったなら、人はどうやって歌えるようになるものだろうか」

この過程を進むには、ガイド(指導霊)という高次の精神意識存在の手助けが不可欠です。自分に何が必要か、どういうステップを踏むことが今必要とされているのか、ガイドがよくわかっています。ですからガイドを信頼し、その指示に従うということが必要になってきます。このことについても、順にお話していきましょう。

この本ではどうしたら無条件の愛に満たされることができるかについてお話しますが、そのためには準備として、次のことを順に理解する必要があります。

●死後の世界
●意識の構造
●ガイド
●生命エネルギー

●輪廻とその原因

死後の世界を理解することは、死の恐怖を軽減するためにも必要です。この本は、これらのことについて順にお話していきます。ただ、その前にひとつ、愛についてお話して、第一部を終わりにしたいと思います。

まとめ

（1）私たちが幸福だと思うのは、大きく分けて3つの場合があります。ひとつは欲が満たされたとき、2つ目は心から笑ったり、知的好奇心が満たされたり、感銘を受けたり、何かを創造できたとき、3つ目は愛を感受したときです。

（2）こういった幸せよりも、もっと大切なのは自分の命です。つまり生命欲が満たされることが根本です。

（3）こういった幸せは長続きしません。一時の仮の幸せです。死とともに捨てていかねばなりません。

（4）永遠の幸せは生命エネルギー・無条件の愛をその源からもらうことで得ることができます。

第三章　愛について

精神世界に関連する本を読むと、霊的成長には愛が大切だとか、愛することを学びなさい、と言われているのをよく見かけます。これはある意味で真理を言っています。

人間体験学校の目的は無条件の愛を学ぶことだとお話しました。無条件の愛は私たちの知っている愛とは違います。でも愛以外知らない私たちには、愛を学ぶことが、無条件の愛を学ぶ手立てになります。

愛が霊的進歩を促進するという身近な例をひとつ挙げましょう。

それは、うちのペットの雌のうさぎです。このうさぎさんには、みーこちゃんという名前がついています。みーこなんてネコみたいと思われるかもしれませんね。そうです。実はネコの名前だったんです。家内が子供のときに飼っていたペットのネコです。

うちのみーこちゃんは家族のみなからかわいがられ、「愛」されていますので、だんだんと自分の自己意識が育ち、意思表示がはっきりとできるようになってきています。
最近では、もう少しすれば言葉を話すんじゃないか、と思うぐらいにまでなってきました。たとえば、食べ物がほしいときには、えさ箱の中に頭を入れ、次にこちらを見上げます。これを何度も繰り返すのです。水がほしいときも同じです。うちではダイニング・ルームに放し飼いにしています。床に水の入ったお皿が置いてありますが、それが空で水が飲めないときには、やはりこの動作を何度も繰り返します。

彼女は食卓の下にいつもいます。なぜられることが大好きなのですが、みなが食卓のいすに座ったときには手でなぜてやられないので、足でなぜます。それもスリッパをはいたままなぜることがほとんどです。しまいに疲れてくると、スリッパを頭の上に置いておくだけで彼女は満足なのです。でも、気が付くと別の人の足元へ走って行き、足の下に頭を突っ込んできて、なぜろと催促するのです。これがけっこう強引で、頭をごしごしと足の下へ押し込んできます。相当意思表示が強いのです。

うちのみーこちゃんに比べると、小学校のペット小屋で飼われているうさぎたちは家畜に近いですね。前に小学校の運動会に行った際に見たことがあります。彼らはぜんぜん自己がなく、未分化なのです。いつもぼーっとしています。目に力がなく、焦点が定まりません。

この差は歴然としています。みーこちゃんには、はっきりとした自己があり、主張してきます。うちのうさぎさんは次の生では犬になるだろうと思います。つまり、愛されること、愛を知ることが、霊的進歩をもたらすというのは、本当なのです。愛は心を開かせるのです。

愛とは何？

ここで、日本人の私としては、何か「愛」という言葉に違和感を覚えます。ここまで愛という言葉をさんざん使ってきて、何を今さら言うのか、と思われるでしょう。

でも、ともかく「愛」と言われても、何かピンとこないのです。「思いやりの心」というほうがしっくりします。

「愛」という言葉に違和感を覚える、と言う人があまりいないのは、みなそう感じているのに、おおっぴらに言うのが、何かいけないことと思ってしまうためか、それとも、そもそも最近の日本人は西欧文化に毒されて、そういうことを感じなくなってしまったのか、私にはわかりません。私の推測ですが、これはおそらく、元々の日本語には愛という言葉や概念がなく、その代わりに、「情け」とか「いとおしく思う」とかがあったためではないか、と思っています。

試しに、キリスト教の「隣人を愛せよ」という言葉を聞いて、あなたはピンとくるか、考えてみてください。

「えっ、隣人を、あのとなりのおっさんを愛すんですか?」ってなりますよね。

隣人に親切にすることはできても、優しくすることはできても、愛すって、どういうことですか、何か気持ち悪い！　変態みたいとなりますよね。

つまり、日本人には愛という言葉はまだ定着していないか、あるいは、別のニュアンスがあるか、どちらかでしょう。

これはおそらく私たち日本人には仏教的な価値観、物の見方が根底にあるからだと思われます。仏教では慈悲の心を説きます。慈悲に対して、愛は執着心と教えます。つまり煩悩のひとつです。輪廻の原因になるものです。こう言ったら、びっくりされるでしょうか。

だから仏教では、他人に親切にしなさい、優しくしなさい、慈悲の心をかけなさい、とは言いますが、愛しなさいとはけっして言いません。

仏教では愛という言葉をかなり厳密に使っています。

私たち日本人が普段の日常生活で「愛」という言葉を使う場合、もう少しあいまいな意味で使っていると思います。それを見ていきましょう。

結論から言いますと、日本人が愛と言う場合、愛には3つの成分があります。こう言うと何だか化学分析したみたいで変ですね。

でもそうなんです。愛ってよく見てみると、実は4種類あり、普段感じるものは、そのうち3種類がいっしょくたになったものです。分けることが難しいのです。

4つの愛

それではその4つの愛とは何でしょうか。順にお話します。

宇宙にあふれる生命エネルギーがこれだと前に言いました。

【無条件の愛】

ひとつは、「無条件の愛」と呼ばれているものです。宇宙にあふれる生命エネルギーがこれだと前に言いました。

仏教ではこれを「慈悲の心」と呼びます。慈とはいつくしみ、悲とは同情、あわれみです。相手に何をされようが、条件なしでいつくしみ、あわれむ心です。人間にはありえない心です。私たちの見たことも聞いたことも、体験したこともない心です。

無条件の愛を体験すると、条件なしですから、あなたがそのまま100%完全に受け入れられます。ありのままでいいのです。何かの宗教のように、「こういうことができる人」だけが受け入れられるのではありません。そういう一切の条件がいらないのです。悪いことをした人はだめとか、神を信じる人だけとか、そういう条件がないのです。

もうひとつ無条件の愛には、分け与えてもまったく減らないという特徴があります。

【条件付き愛】

2つ目は、「条件付き愛」です。これこれこういう条件が満たされているから愛している、という愛です。見返りを期待する愛でもあります。たとえば、夫婦なら浮気をしないとか、優しくしてくれるという条件つきで愛し合うわけです。夫婦の愛は他人に分け与えることもできません。私たちの知っている愛はほとんどこの条件付きの愛です。

【愛着】

3つ目は「愛着」とか「執着」と呼ばれる心です。私たちは自分の子供や物に愛着を感じます。それらから離れられない執着する心です。手元から離れていくと、たまらない未練を感じる心です。対象は人や物だけとは限りません。友達と楽しく時間を過ごしているとき、その時間に愛着します。その時がいつまでも続くようにと願い、終わってしまうと寂しさやむなしさを感じます。これはすべて愛着する心がその元にあります。

そういった人、物、時間などが何らかの理由で手に入らない場合、私たちは「渇愛」することになります。すべて執着する心が元にあります。

【愛欲】

4番目は「愛欲」です。つまり「性欲がらみの愛」です。ときどき、私たちは愛と性欲を混同することがあります。あるいは、混同していなくても、性欲から、「愛しているよ」などと、うそをつきます。

人はどんなときに愛を感じるでしょうか。いろいろ順に見ていきましょう。そうすれば、この4つの違いがわかってくるでしょう。

たとえば、すぐに思い浮かぶのは、夫婦のあいだの愛です。でも、これはおそらくこの後ろの3つが渾然一体となった典型でしょう。ですから、これを分析しても、何が何だかさっぱりわからなくなりますので、まずは、もう少し純粋なものから見てみます。

小慈悲心

母が子供に対して持つ愛、つまり母性愛はどうでしょうか。

これは純粋な愛、無条件の愛に近いように思えます。母親は子供のためなら命も投げ打ちます。子供のことを昼となく、夜となく心配します。子供のためなら悪事でも働きます。それでいて見返りを期待しているわけではありません。

でもこれですら、残念ながら「条件付き愛」なのです。無条件の愛ではないのです。

その証拠に、育児中に子供が自分の思い通りにならなかったら、母親はヒステリーを起こして、子供に当り散らしたりしますよね。中には虐待する親もいます。

私はそんなことはしません、と言われる方でも、心の中でいらいらしたり、怒ったりするでしょう。本当に無条件の愛だったら、そんな感情は起こらないはずです。だから「条件付き」なんです。

そうは言っても、後で見ていくように、他の「条件付き愛」に比べると、条件が少なく、かなり無条件に近いと思います。見返りを期待するということは、ほとんどありません。人間が持てる愛の中で一番、慈悲に近いんじゃないでしょうか。ですから、これは仏教で「小慈悲心」と呼ばれます。

ただ、子供に対して相当強い執着心、つまり「愛着」を持っていることは事実です。また、子供が死んでしまったら、もう一度会いたいと「渇愛」することになります。そういう執着心、煩悩の部分もかなりあります。

ここで、母が子供に対して持つ愛について、別の見方もあることをお話しておきます。それは母親の子に対する愛は、自己愛の延長ではないのか、という見方です。つまり、母親は、子供を自分の分身とか、一部と見なしているから、愛を感じるのではないのか、だから子供に対する愛は、「自己愛」でしかないという見方です。

私はこの見方には反対です。母が子に対して抱く愛情には、自己愛以上のものがあり、それは純粋な愛にかなり近い、小慈悲心だろうと思います。

自己愛

ここで、「自己愛」とは、文字通り自分自身に対する愛です。人間、誰が好きといって、自分以上に好きなものはありません。

その証拠に常に自分の体の状態を気にし、健康に気を付け、腹が減れば食べ物で満たし、暑ければ冷やし、寒ければ暖かくします。四六時中、自分のことを気にして大切にしています。子供のことを忘れる瞬間があっても、自分のことを忘れることはありません。誰かが自分のことを非難すれば、頭から湯気を立てて弁明に努めます。これが自己愛です。

自己愛は、エゴ、「我」を生み出します。エゴのために私たちは言い合いしたり、けんかをしたり、ひどい場合には人殺しまでします。自己愛は自己執着心といって煩悩のひとつです。煩悩は後で見るように、輪廻の元凶、おおもとです。

友情

次に、友人に対して抱く感情はどうでしょうか。

これは日本語的には「友情」「友愛」です。でも愛という観点から見ると、「条件付き愛」と言えるでしょう。親切にしてくれるとか、裏切らないとか、陰で悪口を言わないとかの条件がついています。またどこかしら、見返りを期待している部分があります。

友情は別の言葉で言えば、「信頼感」や「きずな」「親しみ」「いつくしみ」でしょうか。

母親が子供に感じる小慈悲心に比べると、感じが違います。純粋さが少ないように思えます。

つまり条件付けが多いように思えます。友情にはさらに執着心の成分も見られます。

ペットに対する愛

私たちはペットをかわいがります。つまりいつくしみます。また怪我をしたり病気になったりしたら、心配し、あわれみます。つまり、慈悲の心を持つわけです。でも、ペットが噛み付いたりしたら、頭に来ますよね。だから、母親が子供に対して持つ愛に似ていると思います。ただ、ペットが死んでも、子供が死んだほどには悲しまないのが普通です。ですから、この慈悲心は、小慈悲心といっても、親子ほどの深さはないと思います。また、この愛に、愛着する心が含まれていることは、言を待ちません。

夫婦のあいだの愛

いよいよ夫婦のあいだの愛について見てみましょう。

先ほど、これは3つが渾然一体になっていると言いました。まず「条件付き愛」の部分です。条件とは、たとえば、浮気しない、いっしょに生活する、優しくしてくれる、気づかってくれる、互いを支えあっていく、などでしょう。見返りを期待している部分も相当あります。

それから夫婦の愛は他人に分け与えるわけにはいきません。どんなにすばらしい愛だからといって、他人とは分かち合えないのです。

こういう条件付きではありますが、その際に感じる感情の中には、慈悲にかなり近い部分も含まれているような気はします。特に「いつくしむ心」は純粋とは言えないまでもあるでしょう。

最初の条件の浮気をしないというのは、独占欲の現れです。こういった条件をすべてはずしていきます。相手が浮気して、逃げていってしまった場合を考えてみます。どうでしょうか。それでも愛を感じるでしょうか。怒り心頭に発して、いても立ってもいられなくなり、嫉妬心で心の中が煮えくり返るような感情を持つでしょう。この激しい感情は、それが、純粋な愛ではなく、「渇愛」「愛着」に起因している部分がかなりあることを物語っています。

また、夫婦のあいだの愛には性欲に基づく「愛欲」の色彩も色濃くあります。

ここで、無条件の愛は生命エネルギーとも呼ばれるように、生命そのものです。生命を生み出す力の元でもあります。ですから、子孫を残す力、つまり性欲の源泉でもあるのです。

ただ、性欲は人間が社会的・文化的な生活を営む間にかなりの歪曲を受けてきています。純粋な本来の形から、かけ離れた形になって現れています。純粋な形での生命エネルギーは、この夫婦間、あるいは男女間の愛欲を通して体験することが本来は可能なのです。

このため、仏教でも密教の中に男女間の愛欲を利用して悟りへ近づこうとする教えもあります。ただこれはかなりきわどい線をたどりますので、一歩間違うと愛欲の中に単に溺れてしまう結果になります。

霊的成長に必要なことは？

このように愛とひと言でいっても、いろいろあることがおわかり頂けたでしょうか。

輪廻転生を繰り返す人間学校を卒業するには、無条件の愛について学ぶことが必要だと前に言いました。ただ、無条件の愛など私たちは見たことも聞いたこともありませんので、それを学べと言われてもピンときません。そこで、私たちは無条件の愛をその源からいただくしかないわけです。

そのためには、無条件の愛に一番似ている愛について、まず学ぶことが手助けとなります。これは愛が心を開くからです。心の受け入れ準備をするからです。

そのためにはまず愛をできるだけ多くの機会に思いっきり体験するよう心がけます。親子のあいだ、夫婦のあいだ、恋人同士、兄弟間、ペットとのあいだ、友人とのあいだ、身のまわりには、その機会がたくさんあります。

そして愛にいくつもの種類があることを理解することが大切です。その中で、できるだけ純粋な形の愛とは何なのか、どういうものなのか、心で把握し感じるように心がけます。そしてそれを育むようにします。

それと同時に、できるだけ純粋な愛をまわりへ施すように心がけます。これは正直言って大変な作業です。愛着や愛欲やその他のさまざまな欲から離れた、打算なしの愛ですから。

愛という言葉に違和感を感じる人は、慈悲を施すとよいでしょう。

具体的には、人に親切にする、人を大切にする、思いやる、困っている人を助ける、等々です。自分を犠牲にして、心から人のためを思ってやる行為です。

その際、相手の身になってみます。とかく、私たちは他人に親切にするときに、上から見下ろすような態度になります。いいことをしてあげているという高慢な態度が見え隠れします。される側はそういう心を敏感に感じ取ります。

恵まれない人を助けましょう、と言うときに、気をつけないといけないのは、「恵まれない」と言った瞬間に、私は恵まれているけど、あなたは恵まれていないかわいそうな、哀れな人たちだ、と見下ろす心があるのです。

慈善活動は大切な機会ですが、こういう自分の心を感じながら行なわないと、単なる自己満足で終わってしまいます。偽善活動にしないためにも、自分の心を見極め、できるだけ我を抑えた形で行ないたいものです。

三輪空（さんりんくう）

慈悲を施す際、3つのことを忘れるようにします。それは、「この私が、この物を、あの人に与えてやった」という思いです。そういう思いのない状態を仏教では三輪空、あるいは三輪清浄（さんりんしょうじょう）と言います。この3つを忘れるということは、できるだけ条件のない愛に近づけるということです。

ところがいざ実行してみると、三輪空というのは不可能だということがわかってきます。どうやっても、「自分が」とか、「いくら寄付してやった」とか、そういうことが頭から離れません。それを「我執（がしゅう）」と言います。つまり自分に執着するわけです。また相手の感謝が少ないと、無性に腹が立ってきます。

たとえば、こうです。

私はこの前ユニセフにけっこうな額を寄付したのですが、ユニセフからいただいたのは、紙切れ一枚の領収証だけでした。「えっ、これだけなの？」と思いましたよ。

赤十字なら勲章をくれるのですが、浅ましいもので、何かこう満たされない思いがありました。つまり、どうしても認めてもらいたい、感謝されたい、自慢したいという浅ましい心が出てくるのです。三輪空なんてとてもできないのです。不幸なことに、このことをいつまでも覚えています。額が大きければ大きいほど、この思いは大きくなります。

慈悲を施す、善をすることが霊的成長にとって重要なのは、ひとつには、こういうふうに自分の心が見えてくるからです。浅ましいなとは思いながらも、ぜんぜん反省すらしない自分の実態です。こういうエゴ、「我」が、輪廻させている元凶なのです。

条件なしの愛を実行しようとして、最後に目の前に立ちふさがってくるのは、このように「自我」です。自我とは自分の生命欲がその元にあります。ですから、無条件の愛を実行するというのは、自分の生命欲を否定することを意味しています。それは私たちには不可能なのです。

私たちのする愛、善はそういう意味で必ず自我がくっついてきます。つまり毒を含んでいるのです。そういう愛、善ですが、施すことで、自分の心を開くという効果があります。

こういった努力を積み重ねていくと、心の中にある「詰まり」が少しずつほぐれていきます。心の「詰まり」については後で詳しくお話しますが、輪廻を経ているうちに心の中にびっしりと詰まってきたさまざまな障壁です。

「詰まり」は消すことはできないかもしれませんが、がんじがらめになった、もつれを解きほぐすことぐらいはできます。

できるだけ純粋に近い形の愛、慈悲を施す努力をするということには、こういった効果があります。

愛は心を広げる力があります。無条件の愛が注ぎ込まれる下地を作っていくのです。初めは徐々にでしょうが、着実に下地はできあがっていきます。心の受け入れ準備をするとはこういうことです。

第二部　死の恐怖をなくす

第一章　死の壁

　第一部でお話しましたが、永久の幸せを得るには、無条件の愛をその源からいただき、それによって満たされることが必要です。でも、その前に、「死の恐怖」だけでもなくせないのか、と思われるでしょう。

　私たちが幸せになるための重要な要素に「死の恐怖をなくす」ということがあります。もし死の恐怖から解放されたら、私たちは日々どれだけのびのびと生きることができるでしょうか。普段はそれほど意識しませんが、死のもたらす何ともいえない恐怖感は、私たちにボディ・ブローのようにずっしりと響いているのです。それから解放され、いつ死んでも安心という状態になれれば、どれだけ心穏やかに生きられるでしょうか。

　第二部では、死の恐怖をなくすためには、どうすればいいかお話します。無条件の愛に触れることができなくても、死の恐怖をなくすことは可能です。

結論から言うと、こうです。

●死後の世界に精通し、その中のフォーカス27（後述）と呼ばれる世界へいつでも行かれるようにする。

●そのためには自分のガイドと呼ばれる存在と親しくなり、信頼関係を築く。

こうすれば死の恐怖はなくなります。

死後はあるか？

私たちは死んだらどうなるのでしょうか。死の恐怖をなくすには、そこから知る必要がありますね。

人間だれしもこの問題を一度は考えたことがあるでしょう。特に若いころに悩んだ方もいらっしゃるのではないでしょうか。あるいは、今、死を間近に控えて悩み苦しんでいる方もいらっしゃるでしょう。

死後はまったく無になると言う人もいます。いやいや、魂とか霊魂とかがあって魂や霊の世界へ行くんだと言う人もいます。そんな誰にもわからないことを考えるのは時間のムダだと斬り捨てる人もいます。そんなこと考えたくもないと逃げる人もいるでしょう。忙しくて考えたこともないという人も中にはいるかもしれません。

解剖学者でもあり、脳の専門家でもある養老孟司氏は自身の著作である『死の壁』（新潮社）で、自分にとって他人の死はあっても、自分の死は存在しないと述べています。これは死後は無になると考えられているからです。

自分が死ぬ際には、自分は消滅するから、自分自身の死を認識することができない、認識できないものは存在しないという論理です。

自分の死とは、自分がなくなることです。自分がなくなってしまえば、自分がなくなったことがわからないから、自分の死は存在しない、と、まあこういう考えです。

自分にとって自分の死は存在しないのだから、そのことを考えたり、思い悩むのは無駄だとも述べています。

でもこの論理は何か変だなと思います。自分が自分の死を認識しないから、自分の死は存在しない、ということですが、そういうことなら、熟睡状態のように、「自分が自分を認識していない場合、自分は存在していない」ということになります。私たちはぐっすり眠っているとき、自分のことを認識していません。彼の論理に従うと、そういう状態では、自分は存在しないということになります。

そして朝目覚めてから、また存在し出すということになります。

自分とはそんなに簡単に存在したり、存在しなかったり、頻繁に変わるものなのでしょうか。極端な話、私たちは毎日生まれては消え、生まれては消えを繰り返していることになります。私は毎晩死に、毎朝生まれるわけです。

私とは脳が作るものだと考える限り、これでも確かに論理的におかしいわけではないでしょう。パソコンみたいにスイッチをオンにしたときだけ生きているのです。オフにすると死んだ状態になります。

でも何かしっくりしないものを感じます。

この論理をそのまま押し進めて行くと、唯心論に行き着くような気さえします。つまり、宇宙は自分が認識するから存在するという考えです。唯物論的な発想を基にしていた唯脳論のはずなのに、いつの間にか唯心論に行き着くという何とも変なことになりそうです。（養老孟司氏自身は『唯脳論』（青土社）という本でこの可能性を否定しています）

少し横道にそれてしまいました。元に戻しましょう。

養老孟司氏は、『死の壁』で、自分にとって自分の死は存在しないと述べています。ですから、『死の壁』という本は死について考えているようで、肝心な自分の死という問題については一切論じていません。「死にまつわる問題をさまざまな形で取り上げています」と著者自身も述べているように、死に「まつわる」問題は扱っていますが、死そのものの問題は論じていません。

つまり「死」の周辺をうろうろしていますが、一向に「死」そのものを議論しませんので、読者は肩すかしを食らったような気分にさせられます。

ここでおもしろいのは、養老孟司氏はその本の第二章で、日本の近代化は「死」をできるだけ日常生活から離していき、考えないようにさせた、と書いていることです。そう言う彼自身が、その近代化の産物のように、「死」を考えないようにしているわけです。

これは、養老孟司氏の責任ではありません。肝心な自分の死の問題について語るのを避けなければならないのは、それが誰にもわからないことだからです。死について考えよう、論じようとして、死に近づいていくと、死は大きな壁となって私たちの前に立ちはだかるのです。死は壁を作ってそれ以上の思考を拒絶するのです。つまり「死の壁」は私たちの思考の、そこでの断絶を意味しています。

死は、私たちに起こる日常的なことの延長線上にはありません。日常的なことをいくら演繹（えんえき）しても、死がどういうものか推測することはまったくできないのです。これは数学で言う特異点のようなものです。

私たちが日常生活で遭遇することはどんなに変わったことでも、今までの体験からだいたい想像することができます。

たとえば、スカイダイビングをすることを想像してみてください。今までに一度もスカイダイビングをしたことがない人でも、それがどういうものか、ある程度想像できます。実際に飛び降りるのは相当に怖いだろうなとか、落ちていく際の感覚はこんな感じかなとか、ある程度想像がつきます。

あるいは、こんな例はどうでしょうか。

子供を産んだことのない人、特に男性は出産時の痛みについて体験したことがありません。それでも何とか想像することはできます。

ところが、死についてだけは、そういう想像がまったくつかないのです。私たちが想像力をいくらたくましくしても、死がどういうものか、死んだ後にどうなるのか、皆目見当がつきません。

その意味で「死」は私たちの想像、思考を超えた存在だと言えます。

死は大きな壁を作って私たちの想像、思考を拒絶しているとも言えるでしょう。

でも考えてわからない問題があるとき、私たち人類は今までどうしてきたでしょうか。

たとえば、あの海の向こうに何があるかわからなかったとき、どうしたでしょうか。想像していてもらちが明きませんね。そこで実際に海を渡って向こうへ調べに行きました。

あの砂漠の向こうには何があるだろうか。もっと西へ行くとどこへ着くのだろうか。みな同様です。私たちは調べに行ったのです。

その結果、世界中を調べつくし、ついにはロケットを作って月面にまで行きました。人類の好奇心は留まるところを知らないのです。

夜空に輝く月や惑星、無数の星にしても同じです。あれらは一体何だろうか、何百年、考えていてもまったくわかりません。そこで望遠鏡を作り、調べました。そしてそれらがどういうものか明らかになったのです。さらに星の集まりである銀河や、その集団である銀河団といったものまでも発見されるに至りました。

ミクロの世界でも同じです。顕微鏡を発明し、植物や動物の細部を見て細胞を発見し、さらに電子顕微鏡や大型加速器を作って原子や素粒子を発見したのです。

こういった事柄はいすに座って考えていたのではわからなかったことです。さまざまな装置を作り調べることで明らかになったのです。

「ヘタの考え休むに似たり」と言います。休まずに、探求し続けたのです。

人間は考えてもわからないことがあるときは、調べたのです。

そうやって解答を得てきました。

そうです。死についてもその先に何があるか調べればいいのです。何かうまい方法を考え出して調べさえすればいいのです。死は科学に残された最後のフロンティアかもしれません。最後にして最大の未知領域です。

ところが、問題は、死に関してだけは調べる適切な方法が見つからないのです。どう知恵をしぼっても、死後を明らかにする方法が発見できないのです。

つまり死は調べることすらも壁を作って拒絶しているのです。

死は私たちの想像や思考だけでなく、調べることすらも拒絶する存在なのです。「死の壁」とはよく言ったものです。

ここで視点を変えてみましょう。もし死の向こうに何があるのか、死後はどうなるのかわかったら、「死の壁」はおのずと消滅するでしょう。ということは「死の壁」は、死後についての無知が作ったと言えるのです。死後についてわからないから、そこに壁ができるのです。「死の壁」を超えることはできないのでしょうか。

第二章　死の恐怖

死が私たちに突きつけるもうひとつの問題は、死はとてつもない恐怖を私たちにもたらすということです。

さきほど、人は死んだらどうなるのかについて、さまざまな考えがあると言いました。死んだら無になると言う人、魂や霊が存続すると言う人、考えるのは時間の無駄と言う人等々。死後に対してどういう「考え」を持とうが本人の自由です。

こればっかりは個人の自由ですし、実際死ぬのは自分です。その意味でこれは究極の個人主義、自己責任です。

ただひとつはっきりしていることは、死に至るまでに私たちは大きな恐怖を感じるということです。もちろん事故か何かで一瞬にして死んでしまえばそういう時間はないでしょう。ただ、日本人の私たちはかなりの確率で病院で死にます。しかもある程度の時間をもって死に至ります。

問題は、人は死を間近に迎えると、恐怖心が心の底から湧き上がってくることです。「死なんて平気だよ、ぜんぜん怖くない」と、今言っている人は、それは死を眼前にした体験がないからです。

人間、今死ぬとなると、どんな人も平然としていられなくなります。誰かに代わってもらいたくても、死ぬのは自分であって、逃げ出すことも先送りすることもできません。どんな政治家も、役人も得意技の「先送り」を、こと死に関してだけは使えないのです。

そういう絶望的な状態にあなたを追い込むのが死です。それがうすうすわかっているから、普段はできるだけ考えないように避けているのかもしれません。

養老孟司氏のように「自分の死というものはない」と考えようが、「ある」と考えようが、そういうことはお構いなしに、死が眼前に迫ってくると、怖いのです。ただひたすら怖いと思うのです。これだけは確かです。

今死に瀕している人に聞いてみるといいでしょう。おそらく100%に近い人が「怖い」と答えるでしょう。同じ人たちに、以前はどう思っていたかと聞くと、おそらくほとんどの人は、「何とも思っていなかった」と答えるのではないでしょうか。

ここに死の持つ問題の特異性と恐ろしさがあります。つまり、死の恐怖は直前まで覆い隠されていて、普段は出て来ないのです。だから誰もそれに備えようとか解決しようと思わないのです。その恐怖が出てきたときには、もう手遅れになっています。その段階で解決する余裕はほとんど残っていません。

死の恐怖は、並大抵のものではありません。この怖さは論理じゃないのです。「論理を超えた怖さ」と言ったらいいでしょうか。

私たちはものごとを考えるときに論理に従います。でも世の中のことは論理と無縁のこともたくさんあるんですね。

たとえば芸術作品を見て感動しますよね。あれは、論理的にこれこれこうだから感動する、のではありません。あるいは、感動しないのではありません。

ゴッホのひまわりの絵を見てすばらしいと思うのは論理ではないのです。ベートーベンの「熱情」を聞いて感動するのも論理じゃないんです。

論理的に考えてこうだから、ゴッホの絵を見て感動するのはおかしいとか、言えないのです。ベートーベンの曲は不協和音が多いから、論理的に考えて、人を不快にすることがあっても、感銘を与えるはずがない、とは言えないのです。

死に対して私たちが恐怖を感じるのは、これと同じで、論理じゃないんです。論理的にこうだから死を恐れるのはおかしいとは、言えないのです。

だから、「私自身の死は存在しない、だからそれを怖がるのは意味がない」というのも論理であって、こう言われても私たちは死が怖いのは否定できません。

ガンと闘った末に亡くなった東大教授の岸本英夫氏はその著書『死を見つめる心』の中で、その恐怖について次のように語っています。

死自体を実感することのもたらす精神的な苦しみが、いかに強烈なものであるか、これは、知らない人が多い。いな、むしろ、平生は、それを知らないでいられるからこそ、人間は幸福に生きていられるのである。しかし、死に直面したときには、そうはいかない。人は、思いしらされる。その刺し通すような苦しみが、いかに強烈なものか、そのえぐり取るような苦しみを、心魂に徹して知るのである。人間にとっての死の苦しみというのは、裏返していえば、生命への執着である。生命を断たれようとするものにとっての、満たされざる生命欲の猛烈な抵抗に発する苦しみである。生命の飢えである。

『死を見つめる心』（講談社文庫）

この段階になって初めて頭で必死に考えるわけです。ところがいくら考えてもわからない。死んだらどうなるかがわからない。そこに死の壁が大きく立ちはだかります。ここからどうしたら抜け出せるのか、もがき苦しむのですが、解決の糸口すら見えないのです。

死の苦しみは肉体の苦しみだと思う人が多いのですが、実はそれは勘違いです。肉体の苦しみだけではありません。もうひとつ別の苦しみがあります。肉体的にはまったく苦しみのない人でも、死を宣告されると恐怖のどん底に突き落とされるのを見ればわかります。その苦しみは、死のもたらす絶望感です。逃げ場のない、出口のない絶望感です。人間、死を眼前にすると、すべての希望の明かりが消え失せます。私たちは一縷の望みがあれば、それを頼りに生きることができますが、まったく何の望みもなくなったときの恐ろしさは、想像を絶するものがあります。

死は100％必ずやって来ます。東海地震が起こらない可能性はあっても、太陽が西から昇ることがあっても、あなたが死ぬ可能性は100％なのです。

ある意味で私たちは普段ごまかしながら生きていると言えます。いずれ必ず直面しなければならない死とその恐怖について、何ら解決策を見出したわけではないのに、「先のことだ」とか、「まだまだ大丈夫」とか、「それどころじゃない、今が大変だ」と言って、けっして考えようとしないのです。

ところが死は突然にやってきます。あなたに準備する間も与えずにやってきます。そしてあなたを絶望のどん底へ叩き落とすのです。

第三章　死の壁を超える

ロバート・モンローが開いた「死の扉」

第一章で、死は想像することも調べることもできない、と書きました。死後については調べるすべはない、死んだらどうなるか明らかにすることは不可能だというわけです。ところが、それに異を唱える人が現れました。調べることができると言うのです。つまり死の壁は乗り越えられるというのです。

そう主張するのはアメリカのロバート・モンローという人です。日本ではあまり知られていませんが、人間の意識について研究してきた人です。そのために非営利団体であるモンロー研究所を設立しました。１９７０年代のことです。

そこで彼は多くの研究者たちとの共同研究の末、ヘミシンク法という音響効果を用いる方法を開発しました。これは簡単に言えば、右耳と左耳に若干異なる周波数の音を聞かせることで、その周波数の差に相当する脳波を導きだすという方法です。

アルファ波とかベータ波という言葉をみなさんも聞かれたことがあるでしょう。これらはさまざまな脳波のひとつです。起きて仕事をしているとき、私たちの脳波はベータ波になります。リラックスしているときはアルファ波です。さらに座禅をしている状態ではシータ波になります。熟睡状態ではデルタ波と呼ばれる脳波になります。

このように私たちの脳波は、私たちの心身状態に応じて特有の状態になります。これを逆に利用することができます。脳波をある特定の状態に導くことで、心身状態をそれに対応した状態へもっていくのです。

モンローたちが開発したヘミシンク法はまさにこれにあたります。つまり脳波を特定の状態へ導くことで、聴く人の心身状態をそれに相当する状態へもっていくのです。たとえば熟睡させたり、目覚めさせたり、リラックスさせたりです。ただし、ヘミシンクがもたらすのは、あくまでも、そういう環境であって、何が何でも強制的にそういう状態へともっていくのではありません。本人にそれに従う意思がなければ、効果は発揮されにくくなります。

ヘミシンクで達成できる状態は、これだけに留まりません。驚くべきことに、意識が体から離れた状態、つまり体外離脱と呼ばれる状態へ導くことも可能です。

驚くのはそれだけではありません。さらには、死後の世界も探索できるのです。死者が取る意識状態と言ってもいいでしょう。そういう状態へ意識をもっていくことで、死者と会ってコミュニケートしたり、そこの世界を観察してきたりできるのです。

そこで出会うのは死者ばかりとは限りません。人間以外の他の知的生命体にも遭遇します。

ここまで聞かれると、ほんまかいな、何かの勘違いや幻覚じゃないの、と思われるでしょう。それはもっともなことです。

そこでモンロー研究所では実際に死後の世界を探索したことを証明するために、証拠を集めてきています。

そのひとつは、モンロー研究所の研究者たち、あるいはそこで開かれるプログラムに参加し死後世界を探索した一般の人たちが、死後世界で死者たちに遭遇すると、彼らからできるだけ多くの情報を得て、それをファイルするようにしています。そして後で事実と照合するのです。たとえば、名前、年齢、住所、出身地、死亡日時、死因、職業などについて聞き出します。これだけの情報があると、故人を特定することは可能です。

ところが、プログラムに参加し、死後の世界を直に体験すると、その体験が真実であることに誰も疑いを持たなくなるので、こういった情報収集に興味を覚える人はあまりいないという事態が起こってきたということです。

つまり体験があまりにリアルで、体験した人にはそれ以上の証明が不必要になるのです。

「百聞は一見に如かず」。とやかく言う前に体験してみれば、すべてが明らかになるというわけです。

でもそんなんじゃ、証明したことにならない、と皆さんは思われるかもしれませんね。

そうです。実際、証明することは今の段階ではかなり難しいと思います。でも、もし多くの人が自らこういう体験をすることになれば、世の中の常識が変わっていくでしょう。

それでは、プログラム参加者は具体的にどういう体験をするのでしょう。少し見てみましょう。

たとえば、ある女性は、何年も前に亡くなった母親が部屋に現れて、涙の再会を果たしました。彼女にとってこの体験は真実で、疑いの余地はありませんでした。彼女はヘミシンクの効果についてそれほど信じていなかったのですが、このたった一回の体験がそれを変えてしまったのです。

このエピソードと同じように死んだ肉親と再会するケースは多数報告されています。

ある男性はこんな体験をしています。彼は10歳のころ時間の喪失体験というのをしていました。どういうことかと言うと、あるとき木の上に作った家の中で遊んでいたのですが、その1時間とか2時間に、自分が何をしていたのか、後でまったく思い出せなかったのです。

ところが、モンロー研究所のプログラムに参加し、ヘミシンクを聞いていたとき、ネイティブ・アメリカンの女性が彼の寝ているベッドの足元に現れました。そして、その瞬間に、あのとき何をしていたか完全に思い出したのです。２人でその後の人生の詳細について決めていたのです。その男性によれば、その後の人生はそのときの決定どおりになってきているとのことです。

これは死後の世界体験ではありませんが、本人に与えるインパクトの強さと、それによって疑いが消えたという点からここに紹介しました。

モンローの著作『究極の旅』(日本教文社)の283ページには次のエピソードが紹介されています。長くなるのでここではその要点のみを書きます。

それは、ある小児科医の体験です。モンロー研究所でのプログラムに参加して、ヘミシンクを聞いているときのことです。11歳ぐらいの女の子に出会いました。その子は最近オハイオ州の病院で白血病で死んだと言いました。小児科医はその子をフォーカス27というもっと上の世界へ連れて行きました(フォーカス27については後の章で説明します)。

モンロー研究所のプログラムを終えてしばらくしてから、この小児科医はあることを思い出します。それは、25年も前の小児科医として研修中のできごとでした。ある白血病の少女と友達になっていました。少女は入退院を繰り返していました。以下は『究極の旅』から載せます。

「小児科の研修中だった私は、その日曜日、とても忙しい午後を過ごし、夕方になってカルテを書いていた。そこへ少女がやって来て、話をしたいと言ったのだ。私は、今は忙しいから駄目だ、また後で、と答えた。少女は、ひとりで病室へ戻って行った。

だが、少女は待ちきれなかったのだ。それから間もなく、看護婦が来て、その少女が病室のベッドに横たわっていたことを告げた。少女は死んでいたのだ。ほんの少しでも時間を割いてやりさえすれば、世を去るとき、そばにいて力になってやれたのに。少女は、自分でもその時が迫っていることに気づいていたのだ。

結局、二十五年もしてから、私はもう一度、機会を与えられたというわけだ」

『究極の旅』（日本教文社）

モンローのこの本には、これ以外にもプログラム参加者のいくつもの体験談が登場します。体験者は体験の持つ圧倒的な真実性にもはや疑いを持たなくなります。

自分の直接体験に説得力があるということに関連して、もうひとつモンローの著作『魂の体外旅行』（日本教文社）に出てくる次のエピソードを紹介しましょう。

モンローたちはさまざまな被験者にヘミシンク音を聞かせ、どういう体験をするか、身体的な反応はどうか、調べました。被験者は外界から隔離された小さな室（ブース）内のベッドに寝かせられ、ヘッドフォンを通してヘミシンクを聞きます。

ある女性被験者（ＲＯＭＣと呼ばれる）は体外離脱を体験したのですが、その際に４人の生命体たちが、彼女が肉体から出るのを手助けしてくれたと言いました。

彼女は普通水曜日の午後５時にこういった実験セッションを持っていたのですが、あるとき、都合によりキャンセルせざるを得なくなりました。

この水曜日に、たまたまある女性心理学者がモンロー研究所を訪問してきました。その女性は、モンローたちのしていることに、かなり不信感を抱いていました。いろいろ議論をした後で、もっと理解してもらうためには、自分で見極めてはどうかとモンローは提案しました。彼女も同意しました。

ここから以下は、『魂の体外旅行』から取ります。


ブースに入って耳にへミシンクの音を流し始めて五分位たった時、彼女の声が内部コミュニケーション用スピーカーを通して聞こえて来た。

「ブースに誰かいます。」

私はマイクのボタンを押して、「確信が持てますか?」と聞いた。

「もちろん確信できます。実際のところ四人いますよ。」

私はもう一度彼女とコンタクトし、「四人いることは確かですか?」と聞いた。

「極めてはっきり彼らが見えます。私の足許に二人、頭の所に二人です。」

私は再度マイクのボタンを押した。「彼らは何をしているんですか?」

「私を私の体から持ち上げようとしてるんですよ、信じられないかもしれないけど。」

(中略)

「彼らは今何をしてますか?」
「四人は私を持ち上げたいのだけれど、今度は五人目の人が持ち上げるべきじゃないと反論しているんです。」
（中略）
この女性心理学者が研究所を立ち去った時、彼女は極めて当惑し、上の空の状態だった。

『魂の体外旅行』（日本教文社）

実際に自分で体験することの持つインパクトの大きさがわかります。議論するよりも、実際にヘミシンクを聞いてみる、そうすれば確信できるというわけです。

というわけでモンロー研究所では、証拠集めよりも、皆さんに実際に体験してもらうほうに、重きを置くようになりました。そのためのヘミシンクを聴く各種のプログラムを随時開催しています。これらはモンロー研究所に一週間弱、滞在して参加するものです。

興味のある方は巻末にモンロー研究所に関する情報を載せましたので、そちらを参照してください。私はモンロー研究所の公認レジデンシャル・ファシリテーターをしていますので、モンロー研究所や日本で公式プログラムを行なっています。詳しくは私の会社であるアクアヴィジョン・アカデミーのウェブサイト www.aqu-aca.com をご覧ください。

ブルース・モーエンの体験

モンロー研究所で開催されるプログラムに参加し、体験した内容を本という形で著した人にブルース・モーエンという人がいます。彼は機械工学の技術者です。彼の4冊の本にはモンロー研究所での体験だけでなく、彼自身がヘミシンクを自宅で聞いて体験したことも書かれています。

この中にある程度、客観的証拠として挙げられる事柄が出てきます。

それは、モンロー研究所で知り合った女性と、あらかじめ打ち合わせた時刻にそれぞれの自宅でヘミシンクを聞き、いっしょに行動して、後でその体験内容を比較するというものです。2人は別々の州に住んでいます。内容は体験直後に別々に書き、後でメールで交換するという形をとっています。こういうのを何回も行なっています。また女性を代えても行なっています。

本に載っている体験内容を比較すると、

●少なくとも2人は会って互いを認識することができる。
●その後の体験内容の記述は大筋で一致していることが多い。
●ただ、女性の記述はモーエンの記述に比べ感覚的で具体性にやや欠ける。

ということがわかります。これを客観的な証拠と見るには、おそらく反対する人も多いとは思います。重要なのはこういったデータをひとつずつ積み上げていくことだと思います。

変性意識状態

先ほど、ヘミシンクは私たちの意識状態をいろいろな状態へ持っていくことができると言いました。その中には死者の取る意識状態も含まれると言いました。ここでそういった意識状態について若干補足します。

私たちの意識は私たちが普段考えている以上にさまざまな状態を取ることができます。たとえば、座禅をして瞑想している状態は、普段の私たちはあまり体験したことのない意識状態です。瞑想状態のように、覚醒時の意識からはずれた意識状態を、変性意識状態と呼びます。睡眠時の意識はそのひとつと言えます。このように変性意識とひと言でいっても、それにはいろいろな状態があります。ヘミシンクはその周波数を適切に選ぶことで、その中のある特定の変性意識状態へ持っていくことができます。

モンローらはそういったいくつかの異なる変性意識状態を番号で呼ぶことにしました。それらはフォーカス10とか12とか呼ばれます。フォーカスとは集中という意味で、意識がある状態に集中しているということを意味します。番号は意識が物質的な世界から離れるほど大きくなります。

●フォーカス10＝体が完全に熟睡しているのに、意識が明らかな状態。体外離脱が可能。遠隔透視が可能。
●フォーカス12＝知覚が拡大した状態。高次の意識存在との交信可能。
●フォーカス15＝無時間の状態。過去世データにアクセス可能。
●フォーカス21＝あの世とこの世の境界領域。
●フォーカス23以上＝死者のとる意識状態。

私たちは誰でも生まれながらに、こういった意識状態をとる能力を持っているのです。ただそのことに気づいている人がいないというだけです。ごく一部のいわゆる超能力者と呼ばれる人たちだけが、この恩恵に浴していますが、実は本当はみな同じ能力を持っているのです。ヘミシンクは私たちが元々持っている能力を利用できるようにしてくれるのです。

たとえば、ヘミシンクを聴くことで、体外離脱したり、自分の過去世を見たり、未来を垣間見たり、遠くの場所の様子を見たりできるのです。

もちろんこういうことが可能になるにはそれなりの努力と訓練が必要です。一度聞いただけですぐにそういうことができるのではありません。ただモンロー研究所のプログラムに参加すると比較的早く効果が出ます。これはそこに6日間缶詰になり、そのことだけに集中していることが寄与しているのだと思います。

ヘミシンクの利点

ここまで私は次のように書きました。

●モンロー研究所はヘミシンクを使えば死後の世界を体験できると主張しています。
●また、客観的な証拠集めよりは、各自が自ら直接体験することに重きを置いています。
●そのためのプログラムを開催しています。

でも、アメリカまで行くのは大変だし、何かのオカルト集団だったら困るから行きたくない、と思われる方も多いでしょう。

そこでモンロー研究所（実際は、モンロープロダクツという兄弟会社）はヘミシンクのCDやテープを販売しています。これを購入すれば、自宅で試すことができます。これはヘミシンク法の利点のひとつと言えます。

ＣＤやテープは直接モンロープロダクツのウェブサイトから購入できます。あるいは正規代理店であるアクアヴィジョン・アカデミーのウェブサイトからも購入できます。

ヘミシンクの利点にはまだあります。

そのひとつに、座禅や瞑想のように、長期の修行や特殊な訓練というものは必要とされない点があります。ヘミシンクを初めての聞いた人の脳波パターンが、瞑想を何年も訓練してきた人と、まったく同じになったというレポートもあります。

それから、モンロー研究所は一切の宗教と無関係です。またモンロー研究所自体もそこで見出してきたことを、教条主義的に押し付けることはしません。あなた自身がヘミシンクを聞いて自ら体験し、自ら発見することに意義があります。人から言われたことよりも、自分で体験したことのほうが、自分にとってずっと説得力があります。モンロー研究所は皆が自分で体験し、自ら確信することをサポートしています。

ヘミシンクのさらなる利点として、ドラッグなどの薬物のような後遺症がまったくないということがあります。何でこんなことを言うのかと思われるかもしれませんが、ヘミシンクでの体験内容が、ＬＳＤなどの薬物使用で得られる体験の一部と似かよっているからです。

トランスパーソナル心理学という学問体系が、スタニスラフ・グロフらの研究者によって確立されてきました。この学問は、当初は薬物によって人間の意識状態がどう変わるか、どういう体験をするのか、を研究するところから始まりました。当時はＬＳＤの薬害がわかっていなかった時代です。

グロフはこういった体験はすべて幻覚だと初めは思っていたのですが、自分自身でそれを根底から覆す体験をし、見方を根本から改めたのです。その後、人間意識の深層について、いくつもの重要な発見がなされていきました。その過程でさまざまな体験が記録されていきましたが、それらの中にはヘミシンクでの体験と極似のものもたくさんあります。たとえば死後世界体験、知的生命体との遭遇です。

ヘミシンクの利点は、ＬＳＤなどに比べて極めて安全に人間意識の深部を探索することができる点です。

ヘミシンクの利点について書いてきましたが、もうひとつだけ書きます。

それは、この方法は、死後世界を探索するため以外にも、さまざまな実用的な目的で使うことができるという点です。これについては『全脳革命』（ハート出版）という本が最近出版されましたので、ご覧ください。

たとえば、手術を受ける患者が使用することで、手術後の経過を早めたり、手術前の恐怖心を和らげたり、といった医学上におけるさまざまな効果があります。そればかりでなく、集中力を高めるといった教育上の効果、各種の訓練における効果などもあります。

死後を体験し、恐怖が軽減

私は人間死んだらどうなるのかということに、子供のころから興味を持っていました。死の恐怖にさいなまれた経験もありました。

そういう背景から、モンロー研究所のことを知るようになり、２００1年4月に初めてモンロー研究所を訪問し、そこで開催されるプログラムに参加してみました。それ以降、今までに訪問回数数十回に及び、さまざまなプログラムに参加してきました。

今までの体験については、『死後体験Ⅰ～Ⅳ』（ハート出版）などに書きました。興味のある方は読んでいただければ幸いです。

こういった体験を通して、自分自身わかったことはたくさんあります。

第一に、モンロー研究所の主張は正しいということ、つまり死後の世界を体験できるという主張は誤ってないということです。証拠はあるのかと言われそうですが、こればっかりは皆さんがご自身で体験するしかないのではないでしょうか。つまり「百聞は一見に如かず」です。

第二に、死の恐怖がなくなったということがあります。私としてはこれが最大の収穫です。

第一の点については他の人が証拠はどこだとか、とやかく言うことができます。でも第二の点は、これは私の心の中の変化ですから、とやかく言われるすじのものではありません。

以下の章では、体験を通して明らかになってきた事柄を、順に説明していきたいと思います。

証明はできないことばかりです。だから、あなたも体験してください、としか言いようがありません。

まずは、人間は肉体の死後も生き続けるということです。

次は、これについてお話しましょう。

第四章　人は死後も存続する

モンロー研究所での体験を通してわかることの中で、まず第一にお話すべきことは、人間は肉体の死後も生き続けるということです。

今、死に瀕して、苦しみのまっただ中にある人にとって、一番知りたいことは自分は死んだらどうなるのか、ということですが、その答えが得られます。

人間は肉体の死後も生き続けるのです。

これは朗報でしょう。無にはならないのです。

もちろん肉体はなくなりますが、意識は存続します。

こう知るだけで、真っ暗な死後に対して一条の光が差し込みます。

モンロー研究所のすごいところは、こういうことを自分の実体験を通して知ることができる点です。誰それがそう言うからそうなんだろう、ではありません。自分が自ら知るのです。

この差は、世界の3大珍味と言われるトリュフとフォアグラとキャビアをいっぺんに食べた人の話を聞くのと、実際に自分で食べてみるぐらいの違いがあります。

あんまりいい例ではなかったですね。それではこういうのはどうでしょう。

月面に行ったアポロ宇宙船のアームストロング船長の話を聞くのと、実際、自分で月面に行ってみる差です。実体験にはそれぐらいのインパクトがあります。

それでは、肉体の死後も生き続ける実体は、何なのでしょうか。肉体がなくなってしまった後にも、消えずに残っている自分の実体とは何でしょうか。

それは自分の意識です。

魂とか霊と呼んでもいいかもしれません。個人的には人間の精神とか意識という呼び方のほうが好ましいと思います。と言うのは、霊とか魂という言葉には今までに作られたイメージとか固定観念があり、それが足を引っ張る場合もあるからです。

でも便利なので、この本では以後、魂または霊という言い方をすることにします。それのほうが、「意識」と言うよりも、わかりやすいという利点もあります。

魂や霊と聞くと、こわいと思う人も多いようです。それは霊が悪さをするとか、悪霊が乗り移ったとかいうような話を、テレビや本でさかんに聞くからでしょう。悪霊がいるということは、善霊もいるということになりますが、それについては聞いたことがありません。だから霊と聞くと、人は何かおどろおどろしいもの、こわいものと思ってしまいます。これもこれらの言葉を用いる弊害のひとつですね。

でもあなたも本質は霊なんです。それが肉体の中に入っているだけなんです。だからこわいと思うのはお門違いですね。道で歩いていて人と会ってもこわいとは思いません。それと同じです。

肉体はちょうど器のような霊の入れ物です。そのことに普段はまったく気が付きません。器と中身があまりにぴったりと一体化しているのでわからないのです。

でも、こんな体験はありませんか。

眠りかかったとき意識はまだはっきりしているのに、体だけどんどん先に眠ってしまうという体験です。いわゆる金縛りです。そして気が付くと、自分が体から抜け出して、上のほうにふわっと浮いているのです。すぐ上に天井が見えたのでびっくりしたら、体の中に戻っていた、こういう体験です。

これは体外離脱と呼ばれる体験で、人生でみな一回ぐらいは体験すると言われています。

このとき明らかにわかることは、体のほうは自分じゃない、単なる抜け殻だということです。上のほうに浮いていたのが自分です。肉体ではない自分って何だったんでしょうか。それが霊や魂と呼ばれるもので、あなたの本質です。肉体はあなたを入れる容器なんです。

私も体外離脱体験をしてきました。それについては『体外離脱体験』（幻冬舎文庫）という本に書きました。

体外離脱では、体から抜け出ることもありますが、体の中で自分だけくるっと回転することもあります。仰向けに寝ていたのが、中身の自分だけが回転して、腹ばいになっているのです。ミノムシの中身だけ回ったみたいな体験です。

こういう体験をすると、本当に自分と肉体は別物なんだなということが実感されます。体外離脱というのはけっこう気持ちのいいものです。ふわっと浮き上がるときの感じは、水中で全身の力を抜き、リラックスして水の流れに身を任せるような、そんな感じです。抜け出るという感覚のないまま、気が付くと体の外にいるということもあります。そういう場合は何か自分が透明になったような、非常にクリアーな感じがします。

自分が体から抜け出したときや、抜け出す直前の状態では、他の霊的な存在を見たり感じたりできます。彼らは、死んで肉体を失った人たちの中で、この物質界のごく近い状態にいる人たちです。あるいは自分と同じように生きていながら体から抜けて出た人たちです。彼らは俗に幽霊や生霊と呼ばれることがありますが、ごく普通の人達です。肉体を持っているか、持っていないかの違いです。

体外離脱状態の私は、基本的に彼らと同じ次元の存在です。次元という言い方をしましたが、世界とか「界」という言い方でもいいでしょう。

この体外離脱状態にいるときに、こういう霊的な存在に触ったことがありますが、彼らは普通の人とまったく同じようにしっかりした肉感があります。つまり肉体とは異なる何らかの体を持っていることがわかります。これは俗に幽体（アストラル・ボディ）と呼ばれているものです。

おもしろいことに彼らは、普通、生前や、今生きているときの姿そのままで見えます。つまり幽体は生前の肉体のコピーのような姿かたちをしています。彼らの想いがそういう姿を見せているのだと言われています。ただ、本物の肉体に比べると、薄白くて透明で向こう側が透けて見えます。

そういう具体的な人の姿が見える場合と、もう少しエネルギー体とでも言うような形で見える場合もあります。無色透明のゼリーとかゼラチンのような形と言ったらいいでしょうか。映画「プレデター」に出てくる宇宙人のように、それ自体はあまりはっきりとは見えず、まわりの空間がゆがんでいるために、その姿が見えるというような感じです。

また光や虹の流れのように見える場合もあります。そういう場合でも、幽体の姿が一瞬見えたり、また、別の姿になったりと、ころころ変わる場合もあります。

こういう霊的な存在の中には、性的なことにものすごい執着を持っているものがいます。そういう存在は夜な夜な私たちのところにやってきては、私たちを誘惑しています。私たちはたいてい彼らを夢の中で見ます。もし夢でやたらと性的に魅惑的な異性が現れて、体に触れてくるようなことがあったら、彼らはそういう存在である可能性が高いでしょう。

後でお話しますが、彼らは、私たちの住む物質界にかなり近い世界にいます。彼らには物質界と私たちのことは見えるのですが、私たちには普通は彼らのことが見えません。

彼らはこの世に対する執着が強いか、あるいは、意識が物質界に向いているため、いつまでもこの世のそばから離れられないのです。これについては次の章でお話しましょう。

昔の人には、霊的な存在というのはよく見えたのですね。今は、物質論的な物の見方が一般的になってきたため、彼らを見ることはまれになってきました。

万葉集に次の歌があります。

人魂のさ青（お）なる君がただ独りあへりし雨夜のはふりをぞ思ふ

（人魂の真っ青な貴方とたった独りで会った雨の夜の葬儀が思われてならない）

千数百年のときを越えて、現代の私たちにも、胸が引き裂かれるような切なさと悲しさを感じさせます。と同時に、そこに強い未練、執着の情を感じずにおれません。こういう強い執着心が彼らをこの世のすぐそばの世界に留めているのです。

第五章　死後の世界

人間は肉体の死後も生き続けることはわかりました。それでは、死後、魂はどこへ行くのでしょうか。

今、死に瀕している人が、次に知りたいことはこのことでしょう。

その答えもモンロー研究所の体験を通して知ることができます。

私たちには死後さまざまな世界が待っています。その中のどこへ行くかは実は私たちの心が決めるのです。心の奥のほうで何を欲しているか、どんなことに一番興味を持っているか、何を信じているかで、それにふさわしい世界へ吸い寄せられていきます。

これを「類は友を呼ぶ」原理と言います。同じような心のエネルギーの人たちは共鳴しあうのです。ちょうどサメが何匹も何キロも離れたところから血の匂いを嗅ぎつけて集まってくるのと似ています。

死後の世界はさまざまな世界に分かれています。この世に近いほうから遠いほうへと階層構造になっています。近い遠いというのは距離の話ではありません。実際、死後の世界では空間という概念は存在しないか、あってもかなりあいまいなものになります。ですから、距離が近いとか遠いということではありません。

ラジオを聴くときにチューニング用のダイヤルを回してどこかの局を選びますよね。各局にはそれぞれ何キロヘルツとか何メガヘルツという周波数が割り当てられています。たとえばＴＢＳラジオは９５４キロヘルツ、文化放送は１１３４キロヘルツ、ニッポン放送は１２４２キロヘルツです。

ＴＢＳラジオから見たら、文化放送は近く、ニッポン放送は遠いということになります。別に距離が近い遠いと言っているのではありません。周波数が互いにどれだけ離れているか見ているのです。

死後の世界でこの世に近いとか遠いと言う場合も、これとまったく同じです。この世の周波数に近い低い周波数の階層から、遠い高い周波数の階層まで細かく分かれています。それぞれの階層内もまた多種多様の世界に分かれています。

この本では死後の世界の階層に番号を付けて番号で呼ぶことにします。モンロー研究所を創設したロバート・モンローが始めたことです。

階層と言う代わりにフォーカス・レベルと呼びます。死後の世界は、この世に近いほうからフォーカス23、24、25、26、27と呼ばれています。フォーカス21より下の意識状態については

第三章でお話ししました。これらは生きている人たちの取る意識状態でした。それに対して、フォーカス23から27までは死んだ人の取る意識状態と言っていいでしょう。フォーカス1という意識状態を取ると物質世界が体験できるように、フォーカス23から27の意識状態を取ると、そこに広がる死後の世界が体験できるのです。

それでは死後の世界であるフォーカス23から27までを順に説明しましょう。

フォーカス23

この世に近い低い周波数の層には、どういう世界があるのでしょうか。そこから見ていきましょう。

この世の何かに対する強い執着心があると、死後もその執着する対象の物や人のそばにい続けることになります。たとえば幼い子供を残して死んだ母親は、死後いつまでもその子から離れられずにいることがあります。

ある人を恨んで死んだ場合、その人のそばにいつまでもい続ける、という話はよく聞きますね。

自分の家に対して強い執着があると、そこに住み続けることになります。ただ家が取り壊されたり、改築されてまったく違う形になると、執着が解けてもっと上の世界へ行きます。

イギリスの古城ではひんぱんに幽霊の目撃談がありますが、それはこういう理由があるからでしょう。

通常、そういう存在は執着心のとりこになっていて、それ以外のことは考えられないようです。ある人や場所に対する執着心や憎しみ、恨みといったひとつの思いの中にどっぷりと浸かってしまい、その思いの中で堂々巡りをしています。論理的な思考はまったくできません。できていれば、その中から抜け出すことができるのです。

彼らにとって時間の概念はかなりあいまいなものです。同じところに数百年間いても、彼らはそれが何年なのか、はっきりとはわからないのです。夢の中にいると時間の感覚がはっきりしないのと同じです。

突然の事故で死んだ場合、自分が死んだことがわからずに、事故現場をいつまでもうろうろしていることもあります。こういう人たちは執着心のためではないのですが、こういう状態にいることになります。物質世界にしか意識が向いていないために、物質世界のそばの状態にい続けるのです。

病院で死んだのにそれがわからずに病院内をうろついている人もいます。死んだら墓の下にいると考え、本当に墓の下にいる人もいます。

以上の場合と少し異なりますが、この世に近い世界には次のような人たちもいます。

まず、死後、独りぽつねんと真っ暗な空間にいる人です。そういう人は「死後は無だ、何にもない」と思っていた人です。独り途方にくれていつまでもそこにいるようです。

また自分の心の生み出す夢の世界の中にいる人もいます。死後の世界で一般的なことですが、心での想いがそのまま具現化します。そういう意味で夢の中と同じような世界と言えます。仏教で言うところの孤地獄に近い世界です。

たとえば、漆黒の空間にぽっかりと野球場が見えてきたことがあります。その中に入ると、アメリカ人の野球選手がプレーしていました。あるときはバッター、あるときは外野でボールを追いかけています。まるで彼は野球をする夢をいつまでも見ているかのようでした。

農場で農作業をいつまでも続ける人や、森の中をさまよい続ける人もいます。

炭鉱内の爆発で閉じ込められ、救出が来るのを待っているうちに死んだのに、それがわからず、いつまでも待ち続ける人もいます。自分の想いがまわりに炭鉱を作り出しているのです。

海岸の岩の下敷きになって溺れ死んだのに、そのまま何百年もの間、岩の中に埋もれて出られなかった人もいます。実は『死後体験』で書きましたが、過去世でポリネシア人だったときの私がそうでした。

この階層は真っ暗闇な中にところどころ薄白い光の塊が浮かんでいます。その中に入ると、中に一つの世界が広がっています。それぞれは一人の人の想いが生み出した世界です。一人ひとりの夢の世界です。

フォーカス24～26

フォーカス24から26までは、ひとまとめにして信念体系領域と呼ばれています。ここには、共通の想いや信念、価値観を持つ人たちが集まって生み出した世界が無数にあります。

「類は友を呼ぶ」の原理はここの階層で一番顕著です。同じような想いを持つ人たちはこの原理に従って一箇所に集まってきます。前にも書きましたが、死後の世界では想いは具現化しますので、共通の信念や想いは具現化されて形を現します。

たとえば、ある特定の宗教を信じている人たちが集まると、そこに天国を思い描くでしょう。するとそのとおりの天国が具象化するのです。同じ宗派の人が後から死んだ場合、天国行きを夢見ていると、そこにやってくるということになります。その結果、次々に同じ宗派の人たちが集まってきます。

一人の想いが具象化したものは淡く、すぐに雲散霧消しますが、大勢の人が同じ共通の想いや信念を持つと、それが生み出すものは強固で簡単には崩れなくなります。

フォーカス23の世界は一人の想いの生み出した世界ですので、見た目にも白い雲のような淡い世界です。それに対して、この信念体系の世界は見た目にもこの世と大差がなく、そこに住んでいる人たちにとっては現実世界なのです。

いくつかこの信念体系世界の例を挙げましょう。

まず、先ほどお話した、ひとつの宗教の、ある宗派の人たちが集まっている世界です。彼らはそこを彼らの宗教の教える天国だと信じています。地上で見かけるよりもはるかに巨大な大聖堂が建っていたりします。また建物の中へ入ると、そこは金色や赤の装飾品で飾られ、何人もの人が宗教儀式を執り行なっているのを目撃することがよくあります。

いろいろな宗教の宗派に応じていくつもの世界があるようです。私が死後の世界へ行く際に一番多く目にするのは、巨大な宗教建築です。キリスト教の聖堂や教会を何度も見たことがありますが、その他の宗教の施設も多々あります。巨大な石の根元を囲むように、仏教の坊さんたちが座って座禅しているのも見たことがあります。

別の世界の例を挙げましょう。

性的に求め合ってうごめいている人たちが、何万と集まっている世界があります。彼らは必死に求め合いながらも、けっして満足が得られないのです。

性的なことばかりに心を奪われている人は、死後この世界へとまっしぐらに進んでいきます。別に誰かに無理やりそこへ連れて行かれるのではなく、自ら好んで行くわけです。一度こういう世界へ入ってしまうと、かなり長い間抜け出せないようです。もちろん時間という概念は死後の世界ではかなりあいまいなものになりますが。

この世界は、仏教で説かれるところの、衆合地獄の中にある刀葉林地獄を彷彿とさせます。源信の『往生要集』に述べられるところを要約すると、刀葉林地獄は次のようになります。

邪淫の罪でここに堕ちた罪人がフト見上げると、大樹の上から裸女がなまめかしい声で呼びよせます。罪人が木を登り始めると葉が一斉に刃となって罪人を切り割きます。血だらけになりながらも、やっとの思いでたどり着くと、女はいつの間にか地面にいて「こちらですよ。早くいらして」と呼びます。哀れ罪人は登ったり下りたり無量数億年繰り返しても、愛欲の心は満たされることはないのです。

仏教で説かれるところの修羅界のような世界もあります。

そこでは大勢の武者が集まって戦いを繰り返しています。その中には数百人から千人ほどの武士の2つの集団が、戦いに明け暮れているところもあります。馬に乗り甲冑に身を包んだ武士や徒歩の武士たちが、刀での斬り合いや弓矢での応戦を、永遠とも思える間にわたって行なっているのです。

あるいは馬と人間が一体化してしまったとしか思えないような姿になって、戦っている集団もあります。

人から物を盗むことに喜びを感じる連中が、集まって互いに盗みあっている世界もあります。ここでは人がもっとも大切にして隠して持っているものを、巧妙な手口で盗み出すことに、皆が喜びを感じてそれに熱中しています。もちろん盗まれた側は極度の苦しみを受けます。ですからここでは極端な喜びと苦しみが同居しています。

この他にも人の信念に応じて星の数ほどの世界があります。議論が好きな連中が集まって、他を論破しようと必死になっている世界、受験生が集まって勉強に明け暮れている世界、大勢の通勤途上のサラリーマンが黙々と歩いている世界、生前に食べるのを我慢してきた僧侶たちが山のような豪華な食事を食べ続ける世界等々。

なんらかの欲に関連した世界が多く見られます。欲を満たそうと必死になるのにけっして満たされることがないという、ある意味で地獄的な世界です。

一度こういう世界に入ってしまうと、抜け出すのは容易ではありません。というのは、同じ考えや思いの人しかいませんので、他の人の違った考えに出会うとか、討論するとか、まして感化されるという機会がほとんどありません。自分で疑問を感じるしか抜け出す手立てがないのです。後で書きますが、ヘルパーたちはこういう世界にも入っていって助け出せるように努力しています。

フォーカス27

人はこの階層まで来て初めて輪廻転生することができます。輪廻転生の準備をするためのさまざまな場（センター）が創られています。ここで「創られている」と書きましたが、誰が創ったのかと疑問に思われるでしょう。霊的に非常に進歩した複数の知的存在たちによってはるかな過去に創られたということです。それは今でも創られ続けています。

【受け入れの場】

人間は死んだ後、すぐにフォーカス27へ来る場合と、途中でどこかのフォーカス・レベルの世界に、しばらく、あるいは長らくいてから来る場合があります。いずれの場合も、ヘルパーの手助けでここへ来ますが、ここに到着した人はかなり動揺しています。一休ここはどこなのだろうかと、かなりびくびくしながらここへ来ています。ですから、温かく迎え入れてあげる必要があります。

そのための場が「受け入れの場」と呼ばれる場所です。

ここへ到着した人の信仰や興味、嗜好、好みに応じて、その人が安心できるようなさまざまな建物や景色が用意されます。

たとえば、緑の芝生の広がる公園だったり、あるいは天国への入り口のような派手な金色の場所だったりします。日本の温泉街にある旅館の玄関のような場所もあります。そこは日本人専用に創られているようです。

人はフォーカス27へ来るとき、空を飛んでくるような感覚を持ちます。実際何かの乗り物に乗って飛んでくる場合が多いようです。

そのため「受け入れの場」は空港であることもあります。映画の「スターウォーズ・エピソード６」にクラウド・シティというのが出てきますが、あの宇宙船発着場のような形の場所に着いたこともあります。これについては『死後体験』に書きました。

いずれにせよ、その人が死後に何を期待しているかに応えるようにしています。そこへは何人かのヘルパーと呼ばれる人たちが出迎えに来ます。彼らは普通その人よりも先に亡くなった肉親とか友人、あるいは先生などの姿になって現れます。『死後体験』に書きましたが、私が「受け入れの場」の中にある日本の温泉旅館ふうのところに行ったときには、その従業員が10名ほどお辞儀しながら出迎えてくれました。

ヘルパーの役目は、優しく話しかけることで、ここへ到着したばかりの人の気持ちをほぐし、リラックスさせることにあります。

そして次の「癒しの場」へと導いていきます。その間に、ここは天国や極楽ではないこと、地獄でもないこと、でも地上でもないことなどをゆっくりと気づかせるようにします。

【癒しの場】

死んですぐここへ来た人の場合、死んだ際に受けた精神的・肉体的なダメージから回復していない場合があります。たとえばガンで死んだ人はガンがまだ身体に残っていると考えている場合があります。本当は肉体はとっくに捨てているのですが、ガンのダメージを精神的にもエネルギー体的にも受けていますので、それを癒す必要があります。

そのように死の過程で受けた精神的・エネルギー体的ダメージを癒すためにさまざまな施設や場所があります。どういうことで癒されるかはケース・バイ・ケースですので、可能な限りのありとあらゆる施設や場所があります。

たとえば、単純に病院に入って癒されると思っている人のために病院があります。これはある意味でその本人の思い込みを反映し、利用しているのです。地上の病院そっくりの施設とそっくりの医師、看護師たちがいます。もちろん彼らはヘルパーがそういう姿をしているのです。彼らは霊的なヒーリング・パリーを使って癒します。

大自然の美を満喫したり、その中に浸ることで癒される人もいます。そういう人のために大自然の美が用意されています。そこへ行ったことがありますが、アルプスのような雪に覆われた山々とか、見渡す限り広がる森林や、川、美しい海岸線など、ありとあらゆる地上の美しい風景が満喫できました。

人によっては、穴倉にこもって癒される人もいるようで、そういう人たち用の穴倉もあります。

それからハンググライダーで森の上を飛ぶことで癒される人もいます。スキーをすることで癒される人もいます。森の中を散策することで癒される人もいます。温泉に浸かって癒される人もいます。ともかくここには、いろいろな人のために考えうる限りの施設、風景、場所が用意されています。ここで十分癒されると次の場へ進みます。

【次の人生を計画する場】

次の生の選択肢はいくつかあります。自分の霊的成長のために何が最善かという基準から、カウンセラーと相談して選びます。このための場があります。

人間をもう一度生きてみるというのは、選択肢のひとつに過ぎません。それ以外に別の生命系で別の生命体を生きるというのもあります。あるいはフォーカス27でヘルパーをやってみるという選択肢もあります。それでも、ほとんどの人は人間をもう一度やることを選ぶようです。人間の生というのは麻薬的なんです。一度やるとやめられないのです。

人間をやると決めると、次はカウンセラーといっしょに次の人生をどうするか考え、計画します。そこでは、前の人生について回顧することが可能です。そして何が課題か、進歩していくために何が必要か、教えてもらいます。それが学んでいかれるように次の人生の要所を決めます。

私の場合、まず2つの人生の可能性のうち、ひとつを選択するように言われました。ひとつは金持ちだが退屈な人生、もうひとつは金持ちではないが、さまざまな可能性を秘めた人生です。私は後者を選びました。

そして次は、その人生の要所を決めます。

たとえば、誰それと結婚するとか、ある重要な出会いが起こるとかです。

私の場合、愛と忍耐を学ぶことが今回の人生の課題だと言われました。そのために、今の家内と結婚するようにアレンジされました。彼女との出会いから愛について学べということです。ただし父親は足を引っ張る存在になるとも言われました。

私は家内とはさまざまな人生でいっしょになっています。兄妹だったこともありますし、いいなずけだったのに私のほうが殺されてしまったことも、恋人同士だったのに身分の違いから結婚できなかったこともあります。

父親とはあちこちの人生で武者としていっしょに戦ってきました。親子だったときもありますが、ライバル的な関係だったことが多いようです。今の複雑な感情はそのへんに起因していると思います。

次の人生についてこのように要所は決めておきますが、詳細はまったく未定です。人生においてその時々にどう対応するかで、その後の人生は大きく変わっていきます。自分の人生は自分で作っているというのは本当です。

【生まれる順番を待つ場】

人に生まれる機会というのはかなり限られているようで、順番を待つ長蛇の列があります。

空港のロビーのようなところに多くの人がいる光景を見たことがあります。

【意識を狭める場】

次に人間に生まれる場合には、ここでのすべての記憶に通常ではアクセスできないようにする必要があります。そのための場があります。まず人は昏睡状態になり、そして広がっていた意識を狭めるための場を通過します。

【次の人生へ送り出す場】

順番に次の人生へ送り出していくための場があります。私の受けた印象では、ここはかなり高いところにあり、みな下のほうへ向けて放出されていました。そしてそれぞれの生まれるべき場所、時間へと一直線で向かっていきます。

【発明の場】

こういう人間の流れとは別に、この世の人間の必要、希望の声を聞き、新しい物、発明、アイデア、芸術作品、文学作品、製品、出版物などを生み出すための場があります。生み出されたものは、人々の意識のネット上に置かれます。実はすべての人の意識がつながっていて網の目状になっています。その網の目（ネット）の上に載るのです。そのため、誰でもアクセスできます。通常はそのことに一番興味、関心を持っていた人が得ます。ただそれを得るのはひとりとは限りません。複数の場合もあります。世界で同時に2ケ所、3ケ所で同じような発明がなされるのはそのためです。何か新しいアイデアがひらめいたら、世界にもう2人は同じことを考えている人がいると考えて間違いありません。特許はできるだけ早く取るようにしましょう。

【過去世データが蓄積されている場】

ここにはあらゆる人の過去の人生のデータが、細部に至るまで貯蔵されています。視覚的には大きな資料室とか図書館のように見えます。内部は相当広く、高さは数十メートル以上あります。その壁一面に本やディスクのような形状のものがあり、各自のデータが中に貯蔵されています。データは壁だけでなく、中央部にある本立てのようなものにも貯蔵されています。自分のディスクを取り出し、閲覧室でそれを見ることができます（再生機のようなものに入れると、目の前のスクリーンに映し出されます。その体験の中にのめり込むと追体験できます）。

私はここへ、モンロー研究所へ行き始めるだいぶ前に来たことがあります。それについては『体外離脱体験』に書きました。過去世を体験するためのある瞑想法を試している際に来たのです。そのときには、フォーカス27という知識はまったくなかったのですが、空のはるか上にある過去世記録の蓄えられている場所（アカシック・レコード）ということでやってきました。

内部のイメージはそのときも、後で行ったときも、概ねで一致しています。

【CI（シーアイ）】

フォーカス27全体には多くの知的存在たちが働いています。ここまで来た人たちの手助けをしたり、下のフォーカス・レベルからここまで連れてくる活動をしているヘルパーもいます。こうした多くの知的存在たちは霊的発展の度合いや役割に応じてヒエラルキー（階層構造）を成しています。会社内の人事組織みたいなものです。

上の知的存在ほど、意識が広がっていて、より多くの知的存在たちの意識とつながっています。この階層構造の頂点にいるのがCI（コーディネーティング・インテリジェンス）と呼ばれる複数の存在です。彼らの役割はこのフォーカス27全体を維持運営することです。

宇宙には数限りないほどの生命系があり、それらにもそれぞれCIがいます。地球のフォーカス27担当のCIらは、他の生命系を担当しているCIたちとも意識の糸でつながっています。これらのCIたちの上にはさらに意識存在がいます。詳しくは後の章で説明します。

【ヘルパーたちと救出活動】

フォーカス27にあるさまざまな場について説明してきました。ここで、場ではありませんが、フォーカス27の持つもうひとつの機能について説明したいと思います。それは、下のフォーカス・レベルに囚われている人たちを救出して、フォーカス27まで連れてくるという機能です。これはヘルパーと呼ばれる知的生命存在によって行なわれています。

ヘルパーは私たちよりは霊的に進歩していますが、輪廻を卒業した人の場合と、その過程にまだいて、先生の下で学んでいる人の場合とあります。

下のフォーカス・レベルに囚われている人たちを救出する場合、フォーカス23に囚われている人たちのように、地上の物質界しか心にない人たちには、彼らへルパーの姿は見えません。ちょうど私たちにヘルパーの姿が見えないのと同じです。ですから、ヘルパーたちが助け出そうとしても、そういう人たちの注意を引き付けることは難しいのです。

そこで私たち生きている人間の登場となります。モンロー研究所でへミシンクを聴くことで、私たちはフォーカス23～27の世界へ行くことができます。そこで、ヘルパーたちとチームを組んで、囚われている人たちのところへ行くのです。ヘルパーたちはどこにそういう人たちがいるのかわかっています。

囚われている人にはヘルパーの姿は見えませんが、私たちの姿は見えるのです。なぜかと言うと、私たちはまだ生きていますので、どこかに物質的な要素を持っているからです。まず私たちが彼らに話しかけ、注意を引き付け、そのままヘルパーらといっしょにフォーカス27まで連れて行くのです。これは救出活動（レトリーバル）と呼ばれています。モンロー研究所ではこのための「ライフライン」というプログラムがあります。

当面の目標

以上見てきたように死後の世界にはフォーカス23から27までありますその中には実にいろいろな世界がありますが、私たちは死後フォーカス27に来られるようになることが、当面の目標だと言えます。ここまで来れば、私たちを本当に心配し、温かく迎えてくれる人たちが待っています。死後フォーカス27まで来られると確信できるようになれば、死の恐怖はなくなります。

そのためには、次の2つが必要です。

ひとつは、死後世界についての正しい知識を持つこと。そのために死後世界を何度も訪れ、精通することが必要です。

もうひとつは、次にお話しするガイドと呼ばれる知的生命存在と親しくなり、信頼関係を持てるようになることです。

第六章　ガイドの存在

私たち一人ひとりにはガイドと呼ばれる霊的存在が複数います。ガイドとは指導霊とか、守護霊、ガーディアン・エンジェル、ハイヤーセルフ（高次の自己）とも呼ばれます。私たちの霊的進歩を見守り、指導し、ときには援助の手を差し伸べてくれるありがたい存在です。私たちとガイドは生徒と先生の関係にあります。弟子と師匠と言ってもいいでしょう。

私たちは自分にガイドがいるなんてことにまったく気づきません。ましてガイドと交信できる人など皆無です。ですから、ほとんどの人の場合、ガイドはただ傍観している状態に甘んじていると言っていいでしょう。彼らもさまざまな手を尽くして、少しでも霊的な気づきが起こるように、仕組んではいるのですが、当の本人が一向に気づいてくれないのです。ただ、あなたのガイドは確実に裏で活躍しています。

たとえば、本屋で偶然手にした本が、その後のあなたの人生を大きく変えてしまった、なんてことはありませんか。あるいは偶然開いたページに、今悩んでいたことの解決につながる重要なヒントが出ていたとか。こういった場合、必ずガイドが背後で仕組んでいます。
そもそもあなたが今こうしてこの本を読んでいること自体、不思議ではありませんか。何かの偶然であなたはこの本を手にしたのでしょうか。本屋でたまたま目に入ったのでしょうか。そうではないと思います。必ずあなたのガイドの導きがあったのです。
ガイドはときには夢の中に現れてあなたにメッセージを伝えることもあります。必要と判断されると、過去世の一端を見せてくれたり、未来を見せてくれたりします。夢の中で自分の過去世を垣間見るということはけっこうあるようです。私も何度かありますが、ここでは家内の体験を2つ紹介しましょう。
最初に見た夢はこんな内容でした。

彼女は中世の戦乱時代の日本に住んでいました。このときも女性です。城が落ち、女性2人で逃げ落ちていきましたが、途中で追っ手の武士に追いつかれてしまいました。そして後ろから刀で袈裟懸けに斬られて死にました。

次の夢は別の人生です。

このときは中世ヨーロッパの小城主の妻でした。城は海岸の断崖絶壁の上にありました。夫は小さな領地の主でした。政略結婚だったので、彼女は夫に対してそれほど愛情を感じてはいませんでした。

そのときの国家間の事情から、彼女はどうしても死ななければならないことになりました。彼女がいる城の最上階の部屋へ、息子が階段を登ってやってきます。息子は彼女に死を迫りにきたのです（この息子は今の生の長男だと思われます）。

「斬られて死ぬのは痛いから、別の方法にして」

彼女はそう言いました。何かを飲んだのでしょうか、喉と胸に激痛が走り、息ができなくなりました。必死に息をしようともがくのですが、まったく息ができないのです。

すると、白い服装の聖人が3名現れました。ギリシャの聖人のようないでたちをしています。

「もうしばらくの辛抱だ。すぐに楽になる」

聖人たちはそう言いました。


これらの夢は過去世の一端を、ガイドが夢という形で見せてくれたのではないでしょうか。それ以外にもさまざまな形で私たちの霊的進歩を助けてくれています。

私の場合、体外離脱体験をしたのは、ガイドが仕組んだことだと思っています。体外離脱体験をしたために、その後の人生が大きく転換することになってしまったわけですから。

ガイドはあなたの霊的進歩において今何が一番欠けているのか、必要なのかわかっています。あなたがそれを学べるように、さまざまな出会いや出来事をアレンジしてくれています。もちろんそれにどう反応するかはあなた次第です。霊的に進歩するせっかくのチャンスなのに、逃げ出してしまったり、無視したりすることもあります。

ガイドとつながるには

死の恐怖をなくすにはガイドとつながることが不可欠だと言いました。それでは、どうすればガイドとつながることができるのでしょうか。そんなに簡単にガイドと交信することは可能なのでしょうか。彼らからメッセージを得ることはできるのでしょうか。

別の章でヘミシンクは音の周波数を適切に選ぶことで、脳波をある特定の状態にもっていき、意識状態をそれに対応した状態へもっていくと書きました。もうわかりましたか。ヘミシンクの周波数をうまく選べば、ガイドと交信できる意識状態へ私たちを導くことが可能なのです。モンロー研究所ではそういう意識状態はフォーカス12と呼ばれています。知覚の拡大した状態です。この状態ではガイドとの交信以外にも、さまざまな超能力的なことができるようになります。

もちろんフォーカス12用のヘミシンクを聞けば、だれでもすぐにガイドと交信できるわけではありません。私たちの心は複雑で、顕在意識的にはガイドとの交信を望みながら、潜在意識にガイドと交信することに対して次の思いが強くあると、すんなりとはいかないことが多いようです。

●恐怖心（常識から外れることへの漠然とした恐れ）。
●先入観と偏見（たとえば、ガイドの存在や交信なんてナンセンスと思う）。
●自信のなさ（自分にはそういう能力はないと思う、あるいは自分はそういうことに値する人間だとは思えない）。

こうした思いが心の奥深くにある場合、それを取り除くのは難しいことです。というのは、ガイドと交信できて初めて、恐怖心、先入観と偏見、自信のなさといった潜在意識での思いは消えるのですから。

ですから、こういう場合は、問題を直接解決するのではなく、回避する方法をとります。どういうことかと言うと、初めは自分でガイドと会話しているふりをするのです。ガイドがいると仮定して、会話を想像します。初めは自問自答です。

フォーカス12の状態で、こういう形で会話を始めると、いつの間にか、本当にガイドとの会話が続いていくのです。ガイドとの会話かどうかは、自分が答えを知らないことを質問すると、答えが返ってくることでわかります。一度ガイドとの会話の感じがつかめると、後は、ふりをしなくても会話できるようになります。

ここで、フォーカス12でのガイドとの交信は、直接の言葉での会話の場合と、シンボルやイメージが見える場合、映像が見える場合、答えが単にわかるという場合、などいろいろです。ガイドの姿が見える場合もありますが、ほとんどの場合は見えません。

【ガイドとの会話】

まず直接の会話はどういうものなのか、お話しします。

私の体験では、ガイドの言わんとしていることが、こちらの頭の中に直接入ってきて、後からこちらで言語化しているという感じです。私は普通日本語でガイドに話しかけます（モンロー研究所に行くと英語と日本語のちゃんぽんになります）。するとそれに対する返答が心の中に浮かびます。それは非言語状態です。

日常生活において自分で考える過程を分析してみるとわかりますが、まず非言語状態の概念が浮かび、それを瞬時に言語にしています。日本語で考える場合、プロセスが速すぎてよくわかりませんが、英語で考えるとわかります。

私の場合、ガイドからの返事はこの言語にする前の段階のものです。

ただし、ガイドに質問しても、答えがいつも返ってくるとはかぎりません。自分で答えを見出すことに意義がある場合は、ヒントはくれますが、答えはくれません。これはちょうど、宿題の答えを親に聞いても教えてくれないのと同じです。宿題は自分でやることで学ぶことができるからです。同じように、生きていく上での問題も、自分で解を苦労しながら見出すことが、霊的進歩につながると判断される場合は、答えは自分で探さないといけないのです。

また、失敗を通して学びを得ることが適切だとガイドが判断した場合には、失敗することをあえて防いではくれません。むしろそちらへ仕向けられている感さえあります。

【シンボル・イメージでの交信】

次に交信がシンボルやイメージの場合についてお話しします。これはガイドからの返事がシンボルやイメージの場合があるということで、こちらからわざわざシンボルを使って話しかける必要はないようです。そうするほうがガイドに伝わりやすいということはあるようですが。

ここでシンボルとは、単純な形の絵やイメージで、そこに意味が含まれているものです。普通、意味は少し考えないとわかりません。場合によってはだいぶ経ってやっと意味がわかることもあります。

シンボルの例をあげましょう。以前、ガイドとうまく交信がとれなくなったときがあり、なにか見捨てられたような気持になりました。そんなとき、フォーカス12で、あるイメージが見えてきました。それは砂州(さす)とか州(す)と呼ばれる地形で、英語の大文字の「I(アイ)」のような形です。

初めは意味がわからなかったのですが、口の中で繰り返しているうちにわかりました。「アイ」、「す」、つまり、「愛してるよ」という意味だったのです。このようになにかを象徴するイメージをシンボルといいます。

次に、ガイドからのメッセージがイメージで来た例をあげましょう。これについては『死後体験』に書きましたが、モンロー研究所で最初にプログラムを受講したとき、ガイドから5つのメッセージをもらう機会がありました。

そのときもらった5つのメッセージの中の最重要メッセージは、青い海とその上に立つアーチ状の黒茶色の岩のイメージでした。このときはその意味がまったくわからなかったのですが、後で別のプログラムを受講したとき、これが重要な意味を持っていたことがわかったのです。

私はある過去世でポリネシア人の男性でしたが、この岩の下で岩に埋もれて死んだのです。対抗する部族に殺されたのです。

へミシンクを聞き、フォーカス12でガイドと交信する際に、ガイドの姿が見えることがあります。次にその姿について説明しましょう。

【ガイドの姿】

ガイドは実にさまざまな姿で私たちの前に現れるようです。人により千差万別のようです。

人の姿を取って現れることもありますが、それ以外のことも多いようです。たとえば犬だったり、石だったりします。

ガイドというと何となく宗教的に偉い人とか、光り輝く存在をイメージしますが、必ずしもそういうイメージで現れるとは限りません。

私が初めてガイドの姿を見たのは、やはりモンロー研究所での初めてのプログラムのときです。金色の透明の球が目の前で回転していました。直径は50センチぐらいでしょうか。目の前、数メートルのところに静かにいました。そのときは交信はまったくなく、単にそこにいるという感じでした。実はこのときはこれがガイドだとは思わなかったのですが、後でそう確信することになりました。

次に見たときのエピソードはちょっと変わってます。モンロー研究所での最初のプログラムのときにガイドに会ってみようと思いました。すると、東洋人のどう見てもコメディアンみたいなふざけた印象の人が出てきました。これはありえないと勝手に決め込み、「こんなんじゃない」と言うと、次にネイティブ・アメリカンの酋長が現れました。彼は立派な風貌で、これまた立派な羽飾りを付けていました。これならＯＫです。私はこっちのほうが自分のガイドだろうと思いました。

後で気が付いたのですが、先入観や偏見を持つのは避けたほうがいいようです。あのコメディアンのような顔つきの人もガイドだった可能性があります。せっかく出てきてくれたのに、かわいそうです。

それ以来、見た姿を列挙しましょう。

黒人女性、全身黒い服を着て黒のヘルメットをかぶった人、サンタクロースのような体形で口ひげを生やした男性、ちょっと太った中国人の高僧、背の高い金髪の白人女性、並んだ石の列、背の高い人型の半透明の光などです。

この中でネイティブ・アメリカンの酋長と中国人の高僧は私の過去世のときの姿のようです。これについては後で説明します。

実際のところガイドによればこれらは彼らの真の姿ではなく、こちらが把握しやすいように、仮にそういう姿を取っているだけとのことです。真の姿はエネルギー体だと思われます。

ガイドとは誰?

ガイドは私たちが霊的に進歩できるように手助けしてくれる存在だと言いましたが、そもそも彼らはどういう経緯で私たちのガイドになったのでしょう。一体彼らは誰なのでしょうか。

ガイドはほとんどの場合、過去世の自分の中で霊的に著しく進歩した人たちです。もちろん過去世の自分ではないガイドもいるようです。その場合でも、自分と強いつながりのある存在です。

過去世の自分が、今の自分とは別の存在として今もいるというのは、何だか変な気がします。輪廻してきているのなら、前の自分は今はもう存在しないのではないか、と思います。

ところが、実際はそうではなく、過去世の自分はすべて別々の自己として存在しています。別々ではありますが、つながってもいます。この点については後の章で説明する機会があると思います。

第七章　意識の構造

ミラノンの意識の階梯

生命体はどんなものであれ、意識を持っています。たとえば、私は鉱物や溶岩の意識をモンロー研究所で体験したことがあります。それは生き生きとした生命エネルギーの脈動という感じでした。意識はこの脈動という振動を必ず伴っています。振動数が徐々に高くなっていく過程が霊的進歩の過程です。鉱物、植物、動物、人間という順です。人間の上にもさらに続いていきます。

振動数の高低は、低いほうから順に番号を付けるとわかりやすくなります。

モンローはミラノンという知的生命体から意識の階梯ということを教わりました。ミラノンの意識の階梯では、その番号付けは、植物はレベル1から7、動物はレベル8から14、人間はレベル15から21となります。

7個ずつでひとつのグループを作っていることがわかりますね。これはちょうど音階に似ています。音階はドからシまでの7個で1オクターブを形作ります。

レベル1から21までは物質界の生命ということになります。

ここで、7個のレベルで作るグループのことを、精神世界に関する本では「次元」と呼ぶことがあります。この通例に従うと、植物は1番目の次元、動物は2番目の次元、人間は3番目の次元となります。

この「次元」という言葉は物理学で使う「次元」とは直接には関係しないものですので、誤解しないようにしてください。というのは、植物も動物も物理学的には3次元の世界に佇んでいるわけですから。ここでは混乱を避けるために、1番目、2番目、3番目の次元という呼び方にします。

4番目の次元……死後の世界

このミラノンの意識の階梯で人間よりも上へ行くと、まずレベル22から28までがひとつのグループ（4番目の次元）になります。これは死後の世界に相当します。何かこの番号に見覚えはありませんか。

そうです。第五章で死後の世界について説明したときに、フォーカス23、24〜26、27という番号が出てきました。

実はモンローがフォーカス・レベルという考えを導入したときに、フォーカス23以上では、ミラノンの意識の階梯に従っているのです。ですからフォーカス23以上は、このミラノンの意識の階梯でのレベル23以上と同じです。

ミラノンによれば、3番目までの次元は物質界であり、5番目から上は非物質界となります。この4番目の次元はその間をつなぐ橋ということです。完全な非物質界ではないという理由は、私たち人間は死後の世界に行ってもまだ物質的な世界観を色濃く持っているわけで、その影響が随所に現れるからでしょう。たとえば、信念体系領域でもフォーカス27でも、地上と同じような建物、構造物、自然の風景を見かけます。これは私たちの思いや憧れを反映したものなのです。そういう意味で、この4番目の次元はまだ物質界の影響を残している次元だと言えます。

5番目の次元……自分の意識の集合体

それでは、さらに上の意識のレベルはどうなっているのでしょうか。

まず29から35までのグループ（5番目の次元）があります。

このグループの最上位のレベル、つまりレベル35まで来ると、自分自身の集団が存在します。これをモンローはI・T（I・There、向こうの自分）と呼びます。「自分の集団」と聞かれると、何のことだかさっぱりわからないと思われるでしょう。当然です。

まず、意識の分割ということから理解する必要があります。自分の意識というのは実はいくつにも分かれることがあるのです。それも3つにも8つにも分割できます。一部を体の中に残しながら、半分とか大半を別のところへ持っていくことも可能です。体外離脱というのはその一例です（意識の大半が肉体から出た状態。体内に残っている部分の大きさはさまざま）。

実は過去世の自分というのは、そういうふうに今の自分とは別に存在する自分と理解できます。

ここからは非常に理解しにくいことなのですが、頭をひねりながら聞いてください。

まず、はるかな過去に大きな自分がいくつかに分かれます。それをA、B、C……とします。自分Aは輪廻を繰り返し、ついに輪廻を卒業します。そうするとフォーカス35へ帰還し、そこに留まります。自分Bはまだ輪廻していますが、いずれフォーカス35へ帰還します。自分Cは輪廻の途中でどこかの信念体系に囚われてしまいました。そこから抜け出せずにいます。自分Dは輪廻を繰り返し、今の私になりました。

そのうち、フォーカス35に帰った自分A、Bは新たな自分Hを作り出して、また輪廻することにしました。

このように多数存在する自分の中には、地球生命系以外で輪廻しているものもいます。とこういう具合です。実際には自分の総数は数千人とかいるようです。

このようにたくさんいる自分の中で、輪廻を卒業し、フォーカス35へ帰還した自分がガイドとして、まだ帰還していない自分を手助けしています。ガイドにはもちろん、さらに上の意識段階へ進歩したものたちもいます。

こういう自分たちは皆、意識の糸でつながっています。糸はか細いものもあります。でもつながってはいます。そのため、別の自分の意識を体験しようとすればできるのです。これらすべてが自分です。大きな集団Ｉ・Ｔの一員です。フォーカス35では、それらすべての自分が体験できるのです。地球だけに限らず、太陽系内や太陽系近傍の星にもＩ・Ｔのメンバーがいて、そこで輪廻しています。フォーカス35まで来ると、太陽系内や太陽近傍の星にいる自分のＩ・Ｔのメンバーを探索できるようになります。

でもどうしてわざわざ輪廻する必要があるのでしょうか。何が目的で人間界やその他の生命系を生きているのでしょう。

それは未知の領域への好奇心と、もうひとつの原動力は愛です。これについては第三部でお話しましょう。

6番目の次元……レベル36～42

さらに上には、レベル36から42までのグループ（6番目の次元）があります。このグループの最上位のレベル、つまりレベル42まで来ると、自分のI・Tと、自分と関係の深いいくつものI・Tが集まって集団を形作っています。現世や過去世で自分の家族の一員だった人たちや、強いつながりを持った人たちのI・Tの集まりです。これをモンローはI・Tクラスターと呼びました。

ヘミシンクを使ってこの段階まで来ると、自分のI・Tクラスター内の他の人の意識を体験できます。その人がしていることが、まるで自分のことのように体験できるのです。その実例ついては『死後体験Ⅱ』に書きました。

フォーカス42まで来ると、太陽系を出て銀河系内にいる自分のI・Tクラスターのメンバーたちを探索することが可能になります。モンロー研究所で行なわれるスターラインズというプログラムに参加したときに、銀河系内のいろいろな星系を訪れる機会がありました。

ケンタウルス座アルファやシリウス、プレアデス星団、アルクトゥルス、オリオン座の星々などを訪れ、そこにいる自分のI・Tクラスターのメンバーに会い、交信するのです。人間とは異なるさまざまなレベルの生命体を知り、彼らの意識を体験することもできました。

7番目の次元……43〜49

さらに上には、レベル43から49までのグループ（7番目の次元）があります。

この意識レベルまで来るとI・Tクラスターが無限とも思える数集まって海のように広がっています。そこには蜂の巣のようなパターンが見えるとモンローは言ってます。その無限の海の中の自分の属するI・Tクラスターの近傍しか見えません。私には光の線が網の目のようなパターンを作っているように見えます。

この海のような集合体はI・Tスーパー・クラスターと呼ばれることがあります。モンロー自身がそう呼んだわけではなく、モンロー研究所のプログラム参加者がそう呼び始めました。銀河の集まりである銀河団（ギャラクシー・クラスター）が多数集まって超銀河団（スーパー・クラスター）を作っていることからの類推で、そう呼んだのです。

ヘミシンクを使ってここまで来ると、光り輝く細いひも状のものが、くもの巣のように網状に広がっているのが見えます。はるか遠くまで広がっていて、その先は見えません。この体験については『死後体験Ⅲ』に書きました。

フォーカス49まで来ると、銀河系を出て銀河系外にいる自分の分身たち（I・Tスーパー・クラスターのメンバーたち）を探索することが可能になります。また銀河系の中心核を探索することもできます。銀河と交信することもできます。

『死後体験Ⅱ』に書きましたが、銀河系の中心核が、女性の声で私にこう言いました。

「銀河は生命エネルギー、愛のエネルギーの表出で、そのエネルギーをまわりへ放出しています。あなたも同じです。このエネルギーをまわりに放出してください」

驚きと感激でしばし声を失いました。どうやら銀河系は女性的な存在のようです。それに対し、お隣のアンドロメダ銀河は男性的な存在でした。2つの銀河は互いにひかれ合っているようです。これは文字どおり、重力で互いに引き合っているという意味と、惹かれ合っているという意味の両方です。

さらに上の次元……より多くの意識とつながる

この上はさらにいくつもの次元があります。上へ行くほど、より多くの意識とつながっているようです。この宇宙だけでなく、無数に存在する別の宇宙内に存在する意識にもつながります。

『死後体験Ⅲ』に書きましたが、7番目の次元から3つほど上の次元へ行くと、この私たちの住む宇宙から抜け出し、それ以外の宇宙内を見ることができます。また無数の宇宙が存在するのを鳥瞰することもできます。モンロー研究所ではさまざまな驚くべき体験をしてきましたが、これには本当に驚きました。

第三部　宇宙にみなぎる生命エネルギー

第一章　すべての存在は生命エネルギーの表れだ

第三部では生命エネルギーについてまず説明し、次いでそれを受け入れるための道筋についてお話しします。

モンロー研究所での体験で自らわかることのひとつに、宇宙のあらゆる存在が生命エネルギーの表出だということがあります。宇宙には生命エネルギーが満ち溢れています。これを体感することができます。生命エネルギーは愛情、生命力、喜び、好奇心、知性、感銘、創造性、といった不思議なエネルギーです。みずみずしく光り輝く命そのものです。

私たち人間も、動物や植物も、さらには鉱物、無機物、空気や、風、雲といったものさえも生命体であり、それなりの意識・脈動を持っています。地球、惑星、太陽、星、銀河、こういったさまざまな天体もそうです。

彼らはみな生き生きと躍動し、生命エネルギーの喜びを周囲の空間へ放っています。「生命の躍動」がすべてにあります。たとえそれが素朴な形であっても、命の息吹が脈動として感じられます。森羅万象は生命の歓喜を思いっきり表現しているのです。

意識は岩や溶岩、結晶、水の流れ、風、海、雲、といった無機質に始まり、草花や木々という植物、鳥や犬、ネコなどの動物を経て、人間へと進化してきました。

ところが、人間の場合、文化的・社会的制約のために、生命エネルギーはかなりの歪曲した形をとることになったのです。また、地球生命系における生命エネルギーの直接的な表れとしての生存欲が、さまざまな欲を生み出しました。そのため、あらゆることが、欲を通した形をとることになったため、歪曲を受けることになりました。その結果、私たちは生命エネルギーを本来の姿で見ることも感じることもなくなったのです。

ただその片鱗を、母親が子供に対して抱く愛情に見ることがかろうじてできるだけです。

また男女間の愛欲に、まれにこのエネルギーが純粋な形で現れる可能性もあります。ただほとんどの場合は、そうではありません。

私たちの持つさまざまな感情も、実は生命エネルギーの表れです。ただ、純粋な形で現れていません。さきほどお話した文化的、社会的な制約を極端にまで受けていますので、生命エネルギーの本来の姿、形からは程遠いものになっています。

実は生命エネルギーは私たちの体内を流れています。流れるための1本の道筋が頭のてっぺんから尾てい骨までまっすぐ通っています。この管はプラーナ管と呼ばれています。それはさらに地球の中へと続いています。私たちが心身ともに健康に生きていく上で、適量の生命エネルギーがスムーズに流れ、全身に行き渡ることが必要です。全体のバランスも重要です。生命エネルギーは私たちが肉体的にも、精神的にも適切に機能するための重要な役割を担っています。

その生命エネルギーの道筋には流れを制御し、私たちの健康を維持するためのバルブがいくつかあります。それらはチャクラと呼ばれています。大きいものが7個。下から1番目、2番目と番号で呼ばれます。先ほど、生命エネルギーにはいろいろな性質、成分があると言いました。それらは、知性、創造性、感銘、愛情、生命力、喜びなどです。

実は7個のチャクラにはそれぞれ関連する生命エネルギーの成分と、それが具体的に肉体的、精神的に現れてきた性質があるのです。

1番目のチャクラは肛門と性器の間にあります。これは生命エネルギーの成分の中で生命力、生きる力と密接に関連します。生存という私たちの基盤を支える基です。地球とのつながりが安定感をもたらします。

2番目のチャクラは、おへそと性器の間に位置し、生命エネルギーの生命力の中の創造する力に関連します。性的な欲求と結びついています。

3番目のチャクラは胸骨の下部とおへその間にあり、ここを通して自我という形で生命エネルギーが発露します。

4番目のチャクラは心臓にあります。生命エネルギーのうちの愛に関連します。

5番目のチャクラはのどにあります。自己表現という形での生命エネルギーの表現と関連します。

6番目のチャクラは眉間の少し上に位置します。生命エネルギーの知性とか、創造性、直感に関連します。

7番目のチャクラは頭頂にあります。生命エネルギーのうちの霊性であり、崇高さとか、宇宙の真理に関連しています。

無条件の愛を受け入れるための道は、これらのチャクラが開いていく道でもあります。開くという表現は本当は適切でなく、バルブの許容量が大きくなっていくと言ったほうが適切です。より多くのエネルギーを流せるようになるのです。バルブの開け閉めは自在にできるようになります。どのチャクラから大きくなっていくかには、個人差があります。性的エネルギーがやたらと強くなって困る人もいるようです。また感情的なバランスが悪くなる人や、情緒が一時的に不安定になる人もいるようです。肉体的な痛みを伴う場合もあります。胸の中央が痛んだり、のどが詰まったような感覚が出ることがあります。

第二章　生命エネルギーとその源

生命エネルギーは不思議なエネルギーです。それは創造性、好奇心に富み、生きる力に溢れ、愛と喜びに満ちています。全宇宙の生きとし生けるものすべての命の源、命そのものです。

これを無条件の愛と呼んでもいいでしょう。慈悲と言ってもいいでしょう。ただ、それだけに留まらず、先に述べたさまざまな成分を同時に含んでいるのです。

この生命エネルギーはどこからやってくるのでしょうか。

その源はフォーカス49のはるか上にあり、モンローがアパーチャー（孔）とさらに先のエミッター（放出口）と呼ぶところを越えた先にあります。

モンローもモーエンもその源までは行ったことはありません。そのすぐそばまでは行っています。そこでものすごい量の無条件の愛を浴びたということです。それによって自分自身が元の自分ではなくなったと言っています。

モンローの『究極の旅』（日本教文社）によれば、源まで行っていない理由は、そこへ帰還するには、自分に関するすべての意識を集めなければならないからとのことです。何千、何万といる自分（I・T）と、さらにそれにつながったあらゆる人たち（I・Tクラスター）、さらにはそれらとつながった、もっと大きなI・Tスーパー・クラスター、これらすべての意識を回収して、初めて帰還できるとのことです。そのとき今までのすべての経験を持ち帰るのです。回収するとは、輪廻の途中にいる自分たちをフォーカス35のI・Tまで連れ戻し、さらにフォーカス42のI・Tクラスターまで連れ戻すことのようです。

こうしてすべてのメンバーがそろって初めて源へと帰還できます。

何でこんな仕組みになっているのでしょうか。

その答えは、そういうデザイン、設計だからということです。設計ということは、設計した存在、つまり創造主が源にいるということになります。ただ、誤解しないでほしいのは、各宗教で言うところの創造主ではない、それとはかなり違った存在だという点です。

意識の歴史について

私たちの意識は、いつ、どこで、どう始まったのでしょうか。それについてはモーエンの本『死後探索4　人類大進化への旅』（ハート出版）に詳しく記述されています。

前章でフォーカス35（5番目の次元）にはI・Tという自分の集合体が存在すると書きました。6番目の次元にはさらに大きな自分の集合体であるI・Tクラスターが、7番目の次元にはさらに大きなI・Tスーパー・クラスターが存在すると書きました。

モーエンは7番目の次元（フォーカス49）のさらに上へ、ひとつずつ順に上がっていきました。そしてひとつ上がるごとに、より大きな自分が存在することを見出しました。これを繰り返していって、12番目ぐらいの次元まで到達しました。そしてその意識レベルと交信し、意識の歴史についての情報を得ています。

ただ、ものすごい強度の無条件の愛を浴びながらの交信は、意識を集中しているのが難しく、また得た情報も言葉にするのはこれまた難しいとのことです。

ここにはその抜粋を紹介することにしましょう。

＊

まずこの意識存在は、その意識の中に地球生命系内のすべてを含んでいます。すべての生命体や物質の意識、行動、事象、現象等々。物質界も非物質界もともにすべて把握しています。素粒子レベルやさらにそれ以下のレベルの事象も把握しています。さらに地球以外の生命系も含んでいます。その意識内にこの宇宙全体をも含んでいます。宇宙内で起こっていることすべてを把握しています。さらには、この宇宙以外の宇宙をも意識内に含んでいます。

どうしてそういうことができるかと言うと、そういうすべての存在の意識はこの存在の意識の一部だからです。この存在の意識の一部を使っているからです。

この存在が語る意識の歴史はこうです。

はるかな昔、時間が存在する前のことです。あるところに、と言っても空間も存在する前のことです。自分自身のことを認識する存在がいました。それは「光の球」とも言えるでしょう。それは「大いなる未知」に囲まれていました。「光の球」は「大いなる未知」に何があるのか、まったくわかりませんでした。何があるのか大変興味を持ちました。

そこである計画を思いつきました。それは、自分の一部から、それ自身を認識するものたちを作り出して、「大いなる未知」の探索に送り出すというものです。言わば探索用に子供をたくさん作ったようなものです。

ところが、そうやって最初に送り出した子供たちは、あっという間に分解して散り散りになってしまいました。分解しないように何かを使ってつなぎとめておく必要があるのです。何がそれにいいのかわからなかったので、片端から自分の一部を接着剤として使い、探索に送り出しました。

ところが、ほとんどは途中で分解するか、しなくても帰ってきませんでした。仕方がないので、この実験を続けていくと、あるとき、ひとつが突然帰ってきたのです。それは「無条件の愛」を接着剤として使っていたのです。そして、それは探索結果を報告し、その探索した部分は既知となりました。

「光の球」は意識していなかったのですが、送り出した子供たちはみな「光の球」が有している「好奇心」を持っていました。

この帰ってきた子供は、愛によって固められていたので「大いなる未知」内のすべてを愛を通して見、自分を愛し返すものを探し続けていました。そしてあるとき、はるかなかなたに愛を放つものを感知し、そちらへ向かっていくと「光の球」に戻ったというわけです。そのときに大きな愛とともに受け入れられました。

このとき以来、送り出される子供たちはすべて「無条件の愛」を接着剤として使い、好奇心を持って「大いなる未知」を探索し「光の球」へ帰還するときに、大いなる愛という報酬を受けることになりました。さらにそれぞれの子供たちは、しっかりと意識の糸で「光の球」に結ばれていて、行方不明にならないようになりました。

「無条件の愛の源」へ戻り合体したいという欲求が、彼らを「光の球」へ帰還させるのです。そして「好奇心」が彼らをして「大いなる未知」を探索させるのです。

送り出されたそれぞれの子供たちは「光の球」がやった方法をコピーしました。つまり自分の一部を使って自分たちの子供を作りました。「光の球」から見れば孫になります。それらを「大いなる未知」の探索に送り出しました。孫たちはまたこの方法をまねて子供を作り、ということが何回も繰り返されました。そして「大いなる未知」は隈なく探索されていきました。

私たち個々の人間の意識は、この一番先にあります。「光の球」つまり「創造主」から見ると、何代先でしょうか。おそらく13とか14代でしょうか。モーエンが交信した相手は「創造主」の子か孫のレベルだと思われます。

＊

以上がモーエンが語る意識の歴史です。

モーエンはこの存在とのコンタクトにより、大量の無条件の愛に浸されることで、自分が永遠に変わってしまったということです。非可逆的な変化を遂げたということです。

ここで少し補足します。

第二部で「意識の構造」についてお話しました。自分の意識を上に上がっていくと5番目の次元で、すべての自分の集合体があり、さらに上の6番目の次元では、自分の集合体とそれに関連する人たちの集合体の集合体があり、そのさらに上にはさらに大きな集合体があると、そこではお話しました。これをさらにどんどん上がっていくと、集合体はどんどん大きくなり、最終的にこの「光の球」つまり「創造主」に行き着くのです。

逆に創造主から下へ行くほど意識が分割され、その一番先に私たちがいるのです。

第三章　私たちは遠い過去から輪廻してきている

モンロー研究所での体験を通して知ることは多いのですが、そのひとつに、自分の過去世のことがあります。それはさまざまな機会に少しずつわかっていきます。過去世の自分の姿が見えたり、過去世について誰かが語ってくれたりします。あるいは過去世の一部を再体験することもあります。

そういうことを通して、自分の過去世の全貌を知るようになります。

このようにしてわかった事柄について次にお話ししましょう。

私たちははるかな過去から数え切れないほどの生を生きてきています。これを輪廻と言います。その無数とも思える生を経て、徐々に霊的に進歩してきています。ただその歩みは遅々としたものでした。

私の場合、60億年前に小さなエネルギーの渦として生まれました。もっと大きなものから分裂して生まれたのです。その後、さまざまな生命体を体験してきました。

初めは雲や溶岩、結晶、岩石、宇宙空間に浮かぶ岩といった無機物と呼ばれるものを体験しました。そこでは脈動という形での原始的な意識を体験しました。それから物理的な過程の持つエネルギーについて学びました。たとえば、溶岩の中のエネルギーの流れの作り出す脈動です。あるいは、小惑星帯内を漂う岩石同士のぶつかり合いが生み出す物理的なエネルギーです。

そして徐々により高等な生命体へと進化してきました。くらげのような生き物のときもありました。魚のような生命体を何度も生きています。

この地球上でかなりの生を生きていますが、途中、別の惑星へ行き、そこで魚のような生命体を何回も生きています。その後、また地球へ帰ってきました。そしてキジのような鳥やプードルのような犬も経験しています。そのときはペットとしての犬です。

そして人類へと進化し、人間を何百回となく生きてきています。

最近では、地中海沿岸地方に住んでいた修行僧、中国人の高僧、中央アジアの遊牧民の武者、アメリカ先住民の酋長、日本の武士集団の頭(かしら)、ポリネシア人の青年、16世紀末にイギリスの南西端に住んでいた農夫などです。

このように私は無機物から有機物へ、原始的な生物から高等な生物へと、生命の進化とほぼ歩調を合わせて進歩してきました。地球の歴史は46億年前に始まったと言われていますので、私自身はそれよりも前に、もう少し大きなものから分裂して誕生しています。

みなさんにも長い長い過去の歴史があります。思い出すことは可能です。情報はフォーカス27内に貯蔵されています。そこへアクセスする気さえあれば、誰でも情報を得ることはできるのです。私のように地球生命系をベースにして霊的に進歩発展してきて、最終的に人間になった場合と、他の生命系から直接、地球生命系に来て人間になる場合とあるようです。そういった生命系は必ずしも物質的な生命系であるとは限らず、まったく物質的な体を持たない生命系もあります。

たとえば、モンローは彼がKT95と呼ぶ生命系からやってきて、動物体験などを経ずに人間になりました。KT95ではエネルギーの渦だったということで、肉体的な存在ではなかったということです。

実はモンロー研究所のスターラインズというプログラムで何度もプレアデス星団を訪れたのですが、あるとき、青い渦状の生命体が現れました。それが言うには、KT95はここプレアデス星団の中にあるとのことでした。さらに、私も以前ここにいて、モンローの後を追って地球生命系に入ったとのことです。

モンローはすぐに人間になったのに対し、私は、地球の生まれるさらに前の原始太陽系の時代までさかのぼって、そこから体験し始めたようです。地球生命系にはフォーカス35から入るのですが、そこは、時間を超えた状態ですので、どの時代へも入っていけるのです。

自分の過去世が未来ということもありうる

輪廻というのは、地球上の時間の流れに沿って起こるものではないようです。つまり、来世が過去ということも、あるいは過去世が未来ということもありえます。それはモンローの過去世を見てみればわかります。

モンローは人間界で輪廻するようになる前に、ＫＴ95というところにいました。人間界についてのうわさを聞き、興味を覚え、人間になることにしました。初めて人間になったとき、彼はニューヨークに男性として生まれました。これはかなり現代に近い時代です。その次の生は三、四百年前のヨーロッパ（おそらくイギリス）で農婦です。その次は古代の戦士です。モンローはその著書の中で自分の過去世について詳しく述べていますが、中には10万年前の生というのまであります。

このように、人間は輪廻していますが、それぞれの生は必ずしも時間の流れに沿って、順に未来へ並んでいるのではありません。それぞれの生には生きた順番があるという意味で、前世、前々世という言い方は成り立ちますが、前世は必ずしも過去ではないのです。

最初の人生、２番目の人生、３番目の人生、というふうに番号を付けることは可能です。そしていくつもの生を経ていく過程での霊的成長を議論することも可能です。

時間の束縛を離れた意識世界

因果関係を議論する場合、前提に時間の流れがあります。Aが原因で、結果としてBが起こった、という場合、時間的にAがBよりも前に起こることが必要だと考えられます。

ここで、地球上で流れている時間とは別に、各個々人に対して流れている時間があるということを理解してください。それぞれの人に一連の生があります。先ほどお話したように、それは最初の人生、2番目の人生、3番目の人生と連綿と続いています。そこには物事の起こる順番としての時の流れがあります。

ただし、それはその人の心の中に刻まれている「時」です。地球上で流れている時間とは別のものです。この世で生きている間、両者はほぼ一致していますが、この世を離れた段階で、切り放されます。そして、死後の世界で、別の刻み方をし、またこの世に帰ってきます。ですから、来世が地球上の時間では過去になることもあるのです。

このように、個々人の心の中に刻まれる「時」の流れは、地球上で流れる時間とは別のもので、死後の世界ではその束縛を受けないのです。死後の世界で、個々人にとって「時」の流れがないのではありません。少なくとも輪廻をしている限りにおいては、個々人は「時」の流れの束縛は受けています。

それが、輪廻を離れ、さらにずっと上の世界に行くと、「時」の束縛からも解放されることができるのです。つまり因果からも解放される世界があるのです。

ふたりは赤い糸で結ばれている

結婚するふたりは赤い糸で結ばれているとよく言われます。これはあながち間違いではないようです。糸の色が赤いかどうかはわかりませんが、意識の糸で結ばれていることは確かです。親子の場合もそうです。

家族や夫婦になる人たちは、遠い過去からの深い縁を持っている場合がほとんどです。過去世で夫婦だったり兄弟だったり、あるいは敵（かたき）どうしだったりします。

あの子にもう一度会いたいと、わが子を亡くした母親は思うものです。もう二度と会えないのかと嘆き悲しみます。でも、その強い思いが、次の生やその次の生での再会を可能にするのです。

別に子供を先に亡くさなくても、子供に対する愛情には強いものがあります。また夫婦の間の愛情も同様です。こういう強い思い、愛着が、また私たちを再び結びつけるのです。

互いに愛情を感じ、引き付けられる場合、心と心が何かで結ばれたような感じがしませんか。それが意識の糸です。それは死後も時代を超え、場所を越えてつながっています。

愛にはそれだけの力があります。

ただ、これは愛のように肯定的な感情の場合だけではありません。憎しみ、恨み、怒りといった否定的な感情の場合でも、それが原因で引き付けられていきます。少なからぬ縁、つながりがあるのです。それに愛情と憎しみをともに感じる場合もありますので、関係はどちらかと言うと「しがらみ」と言ったほうが適切かもしれません。

少し具体的な話をしましょう。私自身を例に挙げます。

私は家内と過去からのかなり強いつながりがあります。『死後体験』のいくつかの場所ではばらばらに書きましたが、それをまとめるとこうです。

＊

遠い過去にふたりは兄、妹でした。これがいつの時代なのかわかりません。ふたりがまだ4、5歳の子供で、手をつないで幸せそうにいる姿を見たことがあります。同じふたりが、今度はティーン・エージャーになった姿も見ました。すそのほうが広がった足首までの長い服をふたりとも着ていました。

別の生では、ふたりはポリネシア人で、いいなずけの間柄でした。青い海で囲まれた南洋の島でのことです。この島には敵対する2つの部族があり、何かにつけいがみ合っていました。融和策として、双方の族長の親族から若い人を選び、結納させました。それが私と家内です。

ところが、私が15歳になったころ、融和に反対する連中が私を海に沈めて殺したのです。海岸にある黒茶色のアーチ状の岩のすぐそばでのことです。

別の生では恋人どうしでした。これは16世紀後半のイギリス南西端でのことです。家内は大きな屋敷に住む大富豪の娘でした。私はその屋敷の外にある農園で働く農夫でした。ふたりは恋仲になっていましたが、彼女の親が許さず、私は農園から追い出されてしまいました。彼女が結婚するその前の日に、私は彼女に会いました。そして、迎えの馬車がやってきて、彼女はふたりの従者に連れて行かれました。その後、二度と彼女に会うことはありませんでした。

次はそれほどはっきりとはわかっていない生です。まだ断片的にしか見えていません。どうも江戸末期の日本に住んでいたようです。ふたりはそこでは夫婦です。私は漁師だったようです。この後、漁で時化にあい私は死んでしまったようなのです。彼女が浜辺に立ち、いつまでも遠くを見つめ、私の帰りを待ちわびている姿を見たことがあります。ただ、この生についてはこれ以上わかっていません。

別の生ではふたりはネイティブ・アメリカンでした。私は酋長の息子で、今の父が酋長でした。今の家内は、いいなずけか妻でした。近隣の部族との間で争いになり、我々の部族は早朝に奇襲をかけました。ところが敵対する部族は待ち構えていて、我々は破れてしまいました。私は馬に乗ってひとり逃げていくのですが、林の中へ入っていくと、そこは浅瀬になっていて、馬が脚をとられ、そこに立ち往生してしまいました。追手が放った矢が雨のように降ってきて、自分は死んでしまいました。その後、村は敵に襲われたようです。家内はこの大変なときに私がいないと悲しんだようです。今でも、ときどき、言います。

「あなたは私が大変なときにいつもいないんだから」

＊

このように、私と家内の間にはずいぶんと深い縁があることがわかります。ただ、どの生を見てもハッピーエンドではありません。ふたりは愛し合っていたのに、途中で別れなければならなかったのです。そういった満たされない気持ちがまたふたりを結びつけるのです。もちろん、愛情があるだけでも結びつくのですが、それが不完全燃焼だと、なおさらということになるのでしょう。強い愛着心、執着心がふたりを引き付けるのです。

愛情には心を開かせ霊的な進歩を促す力がありますが、このように輪廻の元になる場合も多いのです。諸刃の剣と言えるでしょう。

私と母親の間にも、また父親との間にも同様に強いつながりがあります。前にも言いましたが、私は過去世で何度も、武者をやってきています。中央アジアの草原や北アメリカの草原を、馬で疾走している自分の武者姿を、たびたび見たことがあります。ネイティブ・アメリカンの酋長をしていたこともあります。また日本でも武士をいくつもの生で生きています。あるときはひとつの集団の頭でした。

この間に、父とはいっしょに戦う仲間だったり、ライバルだったり、親子だったりしています。私と父との関係は愛情というよりも、もう少し複雑なもので、感情的なもつれのようなものもあります。

母親ははっきりとはわかりませんが、何度か母親だったと思います。

人と人の結びつきは必ずしもいい関係ばかりではありません。ひとつ言えることは、その同じ関係が、そのままの形で別の生でも続くということです。

たとえば、こんな場合です。

これは何かのアメリカの本に出ていた例ですが、どの本だったか忘れました。

ある女性はある男性と結婚しましたが、その男性は彼女に暴力を振るうのです。耐えられなくなって、彼女は退行催眠による過去世療法を受けることにしました。するとわかったのは、この男性とは過去世でも家族だということです。その生では男性は父親で、彼女は娘です。この生でも彼女はこの男性、つまり父親から虐待を受けていました。

この虐待関係というのは、生を代えて続いていくのです。彼女の何かが彼にそうさせ、また彼女は潜在意識的にそれを求めているのです。

これはある意味でこわい話です。ある人から逃げられたと思っても、いずれまた別の生で会うことになるのですから。しかも同じような関係が新たにできあがるのです。虐待関係とか敵対関係とかです。

ですから、悪い関係がある場合には、逃げずにその関係を今生で改善し、好転させておくことが必要なことがわかります。悪循環、悪の連鎖はどこかで断ち切らないといけないのです。

第四章　どうして輪廻するのか

私たちはどうして輪廻しているのでしょうか。

生命は霊的成長のために輪廻しています。何度も生命体を経験しないと学べないからです。鉱物、植物、動物、それぞれの段階に学ぶべき、体験すべきテーマがあります。それらを順々に学習し霊的成長を経て、私たちは人間になりました。

もちろんモンローのように、別の生命系での霊的成長を経て人間になった場合もあります。物質的な体験は人間になってからが初めて、という場合もあります。

問題は人間になってからです。

モンローによれば、地球・人間生命系というのは、霊的進歩のための圧縮学習システムだということです。ただし、一度その中に入ると、人間体験は麻薬的で、そういった本来の目的をすっかり忘れて、何度も人間を繰り返すことになります。そのためここから出るのが非常に難しくなります。出るには学習すべきことをすべて終了し、卒業生になる必要があります。卒業生は、人間学習システムに入る前の状態に比べて、格段に進歩した状態になります。

モンローはこの過程を２つの比喩で表しています。

ひとつは、酒を初めて飲んだ人です。初めはちょっとだけ試そうと思ったのが、次第にとりこになり、さらには飲んだくれになって自制心を失い、ついには自分が何者だったかも忘れて、ただ酒が飲みたいとだけ思うようになります。それ以外のことにはまったく関心がなくなります。こういった人が記憶を取り戻し、次第に矯正しようと努力するようになり、最後に矯正に成功すると、元の自分をはるかに超越した存在になります。

このたとえは、この変化が永久的なものである、ということを表現できていないので不十分だとモンローは述べています。

２つ目の比喩は、地球を探索しようと近づいたロケットです。

あるロケットが地球という惑星のうわさを聞きつけて、好奇心からやってきました。そばを通過して情報をちょっと得ようと思っていたのが、近づくとそのエネルギー場の中にある粒子がたくさんロケットに付着してしまい、脱出に必要な速度以下に減速してしまいました。仕方なく楕円軌道を描くことになりますが、地球に近づくたびに粒子が付着し、さらに速度が落ちて、ついには軌道が崩壊し、エネルギー場そのものの一部になってしまいます。

ここから脱出するには、離陸し脱出速度まで加速する必要があります。そのためには、付着した粒子を取り除くことが必要になりますが、その中で有益な情報や経験は持ち帰るために、保持しなければなりません。その分だけ最初よりは重くなります。そのため脱出するには、最初の過程で失ったエネルギーよりも、はるかに大きなエネルギーが必要になってきます。

問題は付着した有害粒子を解毒し除去する能率の良い方法がないことです。そのため、脱出には非常に長い時間がかかることになります。ただし脱出したあかつきには、すばらしいおみやげを満載して持ち帰ることができます。

以上がモンローの『魂の体外旅行』に出てくる比喩です。

それでは次に、これらの比喩に出てきたいくつかの事柄について説明しましょう。

まず人間体験は麻薬性（中毒性）があるということでしたが、中毒性を持たせる原因は何でしょうか。ロケットの比喩では軌道を減衰させる付着粒子があるということでしたが、それらは何なのでしょうか。つまり私たちが輪廻している原因です。

モンローはこれには２つの要素があるとします。

ひとつは生命欲、生存欲です。もうひとつは生命エネルギーの表現としての感情です。

生命欲

まず、生命欲について見ていきましょう。地球生命系に生まれた生命はただ一つの目標が与えられます。それは「生存し子孫を増やせ」です。手段は問われません。そのためすさまじいばかりの弱肉強食の生存競争が展開します。他者を蹴落として競争に勝ち、できるだけたくさん子孫を残そうとみな必死に行動します。こういった中で生き延びようとする強い意志（生命欲）が刻印されてきました。

基本的に生命欲は2つの形で現れます。「身体の保護と維持」と、「性欲―生殖」です。また、生命欲から「自我」が生み出されました。

【身体の保護と維持】

これは本来は食物の獲得と消費、それに身体の温度調節や安全性の確保という形を取るものです。これらは食欲や睡眠欲という形で現れます。

ところが人間が文明化され社会化されていくと、歪曲が起こりました。たとえば、衣服や家は本来は体を暖かく保つものや、住むためのものだったわけですが、そこにさまざまな価値が付加されていきました。そして財欲、物欲が生まれてきます。体を暖かくするのに必要以上のものを求めるようになったのです。

【性欲 ― 生殖】

生殖行為という本来純粋に種族保存のための行為が、相当の歪曲を受けてきました。まず、そこから性欲が生まれてきました。

問題は生殖行為の持つ肉体的快楽に、愛情がからんできたことです。そのためにさまざまな感情的執着（愛着）、義務感や罪悪感などが生み出されてきました。さらに問題を混乱させるのは、性的な結びつきが、純粋な愛（モンローはこれをスーパー・ラブと呼ぶ）を表現する重要な手段のひとつだという事実があることです。性的な結びつきが、人がスーパー・ラブの存在を学ぶためのステップになる可能性は十分にあります。

【自我】

もともとは生き残ろうという強い生命欲から発生してきたものです。自我は何百という非合理的、感情的な理由を作り出して、その存在を正当化します。自己顕示欲、独占欲、名誉欲、権勢欲、権力欲などを生み出しました。幸福とは自我が満足した状態と言えます。

生命エネルギーの表現しての感情

このように、輪廻する要因のひとつ目は生命欲、生存欲です。２つ目は感情です。私たちが感情と呼ぶものはすべて生命エネルギーの表出です。ただし、かなり歪曲された形での表出です。

ここで感情とは、モンローによると、喜び、哀しみ、怒り、幸せ、憎しみ、友情、郷愁、所有欲、忠誠心、自我、食欲、罪悪感、楽しさ、心配、不安です。さらに通常は感情と見なされていないものもこれに入ります。たとえば、好奇心、思考、平等、希望、孤独などです。

感情は地球における時空間の物理的な出来事や物体に直接関係しています。他では存在しません。そして、ロケットの比喩での軌道の減衰を不可避なものにする粒子です。

つまり、こういったあらゆる感情のために、私たちはその中にどっぷりと浸かってしまい、人間を生きることだけに没頭するようになります。悲しんだり、怒ったり、喜んだり、恨んだり、楽しんだりと、私たちは四六時中、感情の波のうねりに翻弄されます。酒飲みの比喩では、こういった感情の中に溺れているのは、泥酔状態にいることに相当します。

私たちは感情の大波の中に埋没して、そもそもどうして輪廻していたのか、本来の目的をすっかり忘れてしまっています。感情にはこのように私たちを人間界に埋没させておく力があります。

輪廻の原因

以上をまとめると、私たちが人間の生を何度も生きているおおもとの原因は、生命欲と感情だということになります。生命欲から、さまざまな欲が生まれ、また自我も発生しました。欲のために何度でも生まれ変わってきます。また、感情から私たちは人間界に埋没するはめになっています。

ただ生命欲も感情も、それらがさまざまな形を取る過程で大きな歪曲を受けています。この歪曲というのがかなりのくせ者で、地球生命系の中で、本来の姿からは大きくはずれた形になって現れています。

それでは次に、人間学習プログラムで学ぶべき課題とは何なのかを見てみましょう。

スーパー・ラブ（超愛）

その前に、まずスーパー・ラブについて説明する必要があります。これはモンローの造語です。世の中にはこれに相当するものがないので、モンローはあえてスーパー・ラブという言葉を作りました。

彼によれば、**感情と類似しているが同一ではない**もので、**生命エネルギーを唯一明確に正しく表したもの**が、スーパー・ラブです。

これは時空間に特有なものではないので、軌道を減衰させる要因ではありません。というよりも、離陸を可能にし、軌道に乗せ、脱出速度を維持させてくれる力の源です。いかなる形の見返りも必要としないものです。無条件の愛と言ってもいいでしょう。

人間学習システムの目的

人間体験学校に入る主な理由は、モンローの『魂の体外旅行』（P430）によれば、このスーパー・ラブを「識別できる形に翻訳することを学ぶことであり、次にそれを発生させる第一級の人間になること」です。

モンローはさらに、その難しさを次のように喩えています。

「歌をまったく聞いたことがなく、歌詞もメロディーも音程も知らず、さらに悪いことには自分に声帯があること、また声を持っていることさえも知らなかったなら、人はどうやって歌えるようになるものだろうか」

私たち人間はスーパー・ラブが何であるか、どうやって表現したらいいかわかりません。聞いたことも見たことも体験したこともありません。こういう状態でそれを学んでいくことは極めて難しいと言えます。

輪廻から卒業するには

以上をまとめると、こうなります。

●私たち人間が輪廻しているのは、生命欲と感情というふたつの要因からです。これらは生命エネルギーが元にあるのですが、それがかなり歪曲された形で現れています。

●スーパー・ラブを学び、それを発生できる人間になれば、輪廻から卒業できます。ただ、見たことも聞いたこともないスーパー・ラブを学ぶというのは至難の業です。

ここで注目すべきは、生命欲と感情が輪廻の要因だからといって、卒業するのに必要なのは、生命欲や感情を抑えたり、なくしたりすることではないということです。この点については後でまた触れることにします。

第五章　輪廻からの卒業

輪廻から抜け出すこと、つまり輪廻から卒業することができます。これについては前章で少しお話しました。

具体的にどのようにすれば、スーパー・ラブを学び、卒業することができるのでしょうか。モンローの本にもそれについての説明がありますが、ここではブルース・モーエンの本に載っている話を紹介したいと思います。

ブルース・モーエンによれば、輪廻を卒業した人は、「光の存在（A Light Being）」になるとあります。

「光の存在」は「無条件の愛」に満たされていて、すべての行為を「無条件の愛」の心から行ないます。「無条件の愛」はモンローのスーパー・ラブと同じものだと考えられます。

それではブルース・モーエンの本『死後探索４　人類大進化への旅』の第21章で紹介されて

いる実例でお話しましょう。それはシルヴィアという女性の例です。かなり長い話になりますので、ここでは要点のみをまとめることにします。

＊

シルヴィアの卒業

モーエンはフォーカス23に囚われていたこの女性を救出します。彼女は自分が死んだことに気づかずにいたのです。この際、モーエンは「あなたは既に死んでいる」みたいなことを単刀直入に言います。そのため彼女は、大きなショックを受けますが、それが功を奏して、彼女は自分の死を受け入れます。

彼女はキリスト教徒でしたので、それならキリストが迎えに来るはずだと考えました。すると、どうでしょう。光がこちらへやって来たのです。それは次第に彼女が教会でよく見慣れていたキリストの姿になりました。もちろんヘルパーがキリストの姿を取っていたのです。このヘルパーは「光の存在」でした。彼女はこのヘルパーといっしょにフォーカス27へと行きました。

彼女はしばらくの間、光と「無条件の愛」で満たされた場にいました。そこにはさっきのヘルパーもいっしょにいました。

しばらくたってから、ヘルパーは彼女に聞きました。キリストの愛をハートに受け入れたいかと。彼女はハイと答えました。そう答えるや否や「無条件の愛」が文字通り彼女のハートに流れ込み始めました。

するると、本来ならば彼女をさまざまな信念体系領域の地獄へと導いていくべきエネルギー因子（energetics、邦訳ではエネルギーパターンと訳されている）が、彼女の心の中に明らかに見えてきたのです。

愛が彼女の認識能力を極限以上に押し広げていたので、それぞれの因子が何なのか、彼女は見ることができました。それぞれがどこから来たのか、どう彼女の振る舞いに影響していたか、まわりの人たちにどういう影響を与えていたのか、わかりました。

これは彼女にとって簡単なプロセスではありませんでした。一つひとつの因子について、自身とまわりの人たちへの影響を実際に体験しなければならなかったからです。

そして一つひとつの因子に対して、キリストの赦しを受け入れ、彼女は自分自身を赦すことができました。そうすることで、因子がひとつずつ消えていったのです。その都度、彼女はより大きい愛を経験し表現できるようになっていきました。

そしてついに、すべてのエネルギー因子を消し去ることができたばかりか「無条件の愛」で完全に満たされ「光の存在」になったのです。彼女にはもはや「無条件の愛」以外のエネルギー因子は残っていませんでした。すべての行為は「無条件の愛」の心から行なうようになったの以上、要約まとめ。

です。

＊

「無条件の愛」を「源」からもらう

別のところでモーエンは、「無条件の愛」はその「源」から「光の存在」を通して与えられると述べています。「源」については、前の章でお話しました。

ここで少し整理してみましょう。

ロバート・モンローは、輪廻から卒業するにはスーパー・ラブを学び、自ら発することができるようになる必要があると述べています。ただ、見たことも聞いたこともないスーパー・ラブを学ぶことは、非常に難しいとも述べています。

モンローのスーパー・ラブはブルース・モーエンの言う無条件の愛と同じものだと考えられます。

ブルース・モーエンは、シルヴィアは無条件の愛を受け入れ、それに満たされることで、エネルギー因子が消え、卒業できたと書いています。

この2人の話が言っていることは、スーパー・ラブにしろ、無条件の愛にしろ、見たことも聞いたこともないものだから、その源からもらうしかないということです。もらうことで、初めて体験的にそれが何かを学ぶこともできるし、因子を消すこともできるのです。

たとえてみれば、バナナの味を知らない人には、それをどう言葉で説明してもわかりません。食べさせてみるしかないのです。食べてみて、あーこれがバナナの味なのだ、とわかるわけです。


スーパー・ラブも私たちにはそれがどんなものなのか、まったくわかりません。体験してみるしかないのです。体験するには、その源からもらうしかないのです。どこにもないわけですから。そして初めて、おーこれがスーパー・ラブ、無条件の愛なのか、となるのです。

ですから、整理するとこうなります。

●私たち人間が輪廻しているのは、生命欲と感情というふたつの要因からです。ただ、これらは生命エネルギーが元にあるのですが、それがかなり歪曲された形で現れています。
●スーパー・ラブを学び、それを自ら発する人になれば、輪廻から卒業できます。
●そのためには、スーパー・ラブをその源からもらい、それによって完全に満たされることが必要になります。そうすれば輪廻の要因が消え去ります。
ここでスーパー・ラブは無条件の愛と言い換えてかまいません。

エネルギー因子とは……

モーエンの記述によれば「無条件の愛」が彼女のハートに流れ込み始めると、彼女は「エネルギー因子」を心の中に明らかに見ることができるようになった、とあります。

ここで私たちの心の中にあるエネルギー因子とは何か、ということを考えてみましょう。

ブルース・モーエンは、これを、本来ならば私たちを「信念体系領域の地獄」へ導くはずの因子である、と書いていています。

具体的にはどういう因子なのでしょうか。それは信念体系領域、つまりフォーカス24から26がどういうものか見ていけばわかりそうです。

たとえば、あくなき性的欲求で求め合う集団というのがありました。これは性欲、色欲が因子と考えられます。

それから互いに盗み合い傷つけあう集団がありました。これは、物欲と憎しみ、さらに自慢する心が因子でしょうか。それらが生み出す楽しみや怒り、恐怖という感情もあります。

武者が集まって互いに殺し合っているところは、征服欲、権勢欲、名誉欲という欲、それから憎しみや恨み、怒り、さらに殺戮を楽しんだり、恐れたり、勝ち負けを悲喜する感情も因子でしょう。

大量の食べ物を食べあさる僧侶の集団がありました。これは食欲が因子でしょう。

宗教集団は疑似天国を作ってそこに安住していました。これは誤った考え、物の見方、価値観が因子でしょう。

これら以外にもさまざまな欲や感情に基づいた世界があります。また、ありとあらゆる信念や価値観に基づいた世界があります。これらはみな地球生命系で輪廻する間に身に付いた誤った信念、価値観が因子です。

このように見てくると、これらのエネルギー因子は、性欲、物欲、征服欲、権勢欲、名誉欲、食欲といったさまざまな欲、それに憎しみ、怒り、恨み、悲しみ、恐れ、楽しみ、喜びといった感情、それに誤った価値観、信念と言えるでしょう。

第四章でモンローが輪廻する原因として挙げていた要因を見てみました。それらは生命欲に起因するさまざまな欲と、ありとあらゆる感情でした。またそれらはかなり歪曲された形で現れているとしています。

つまり、モンローの挙げている要因とモーエンの言うエネルギー因子とは極めて近いと言えます。

唯一の違いと見える点は、モーエンでは、誤った価値観、信念という因子がある点です。これは実はモンローの場合、明示していないだけで、歪曲されて現れているという表現の中に含まれています。別の箇所でモンローは「地球の生命系への耽溺（たんでき）、また、そこで生まれるありとあらゆる信念体系」という言い方をしています。これはモーエンのエネルギー因子の定義とほとんど同じです。

つまり、モンローとモーエンはともに同じことを輪廻の要因としてあげていると言えます。私たちが輪廻している要因は、次のようにまとめられます。


【輪廻の原因】
（１）性欲、物欲、征服欲、権勢欲、名誉欲、食欲といったさまざまな欲。
（２）憎しみ、怒り、恨み、悲しみ、恐れ、楽しみ、喜びといったあらゆる感情。
（３）地球生命系内を輪廻するうちに身に付いたあらゆる誤った考え、物の見方、価値観、信念。

シルヴィアは特別か

シルヴィアは死後、フォーカス27へ行き、そこで「光の存在」であるヘルパーの導きで、無条件の愛を受け入れることができました。その結果、エネルギー因子をひとつずつ苦労しながらも取り去ることができ、最終的に輪廻から卒業することができました。

ここで、次の２つのことが知りたくなります。

（１）私たちは死後フォーカス27へ行ったら、皆が皆、シルヴィアのように卒業する機会を与えられるのだろうか。
（２）死んだ後でないと、無条件の愛は受け取れないのか。

まず、最初の問いについてですが、たいていの人はフォーカス27へ行っても、卒業しません。再び人間界に舞い戻り、輪廻を繰り返しています。卒業する人はむしろ例外中の例外です。シルヴィアは特別だったのでしょうか。シルヴィアと普通の人の違いは何なのでしょうか。

この疑問を解くために、私はフォーカス27のＣＩ（コーディネーティング・インテリジェンス）に直接会って質問してみたことがあります。以下にそのときに得た情報をまとめてみます。

＊

「人は死後フォーカス27に来ると、みな卒業生になるチャンスを与えられるのですか。それとも、ある条件を満たさないと与えられないのですか」

こう質問してみました。これに対して、次の答えを得ました。

●無条件の愛を受け取るにはその準備が必要。
●心をある状態、段階、無条件の愛を受け入れることのできる状態にもっていかないと無理。
●モーエンの本に出てきた女性は、モーエンから『あなたはもう死んでいる』と言われて大変ショックを受け、いわばショック療法で、心が受け入れる態勢が整った。

●ガイドが徐々に準備を整えてくれるが、自分の努力も必要。

＊

ということで、ほとんどの人は心の準備が整っていないということでしょう。そのために人間界に舞い戻ってきます。

第五章でお話しましたが、フォーカス27には次の人生についてカウンセラー役のヘルパーとガイドと相談し、計画する場があります。カウンセラー役のヘルパーとガイドはあなたの霊的な進歩で何が欠けているのか、次には何を学んでいく必要があるのか、よくわかっています。そこで次の人生ではそういうことが学べるようにと、計画を練るわけです。ところが、当の本人はたいてい不満で、そんなことよりも、金儲けがしたい、出世したい、有名になりたい、あの人と結婚したい、と世俗的なことにしか興味がありません。

ですから、みな不満顔でしぶしぶ従うという感じです。そういう状態ですから、卒業などというのはとんでもない、まったく眼中にありません。それよりももっと欲を満たしたいわけです。ガイドたちにしても、そのような人は卒業の準備ができているわけもありませんので、卒業生になるチャンスを与えるどころではないのです。

ガイドたちにしてみれば、次の生をせめて少しでもそこへ導けるようなものにしようと努力するだけです。ともかく本人にそういう興味も意志もない状態ですから。

私たちとしてみれば、次のことが大切です。

●まず卒業があるということをしっかり認識する。
●そういうことに興味を持ち、どうしたら卒業できるか模索する。
●そして、無条件の愛を受け入れられるように、心の受け入れ準備を整える努力をする。

シルヴィアのように、死後フォーカス27に来てすぐに卒業のチャンスを与えられなくても、フォーカス27で「光の存在」である先生の下について、ヘルパーとして働いていくことで「光の存在」になる道もあります。そういったヘルパーの例がモーエンの本に出てきます。そのヘルパーは、いくつかの「気づき」を経るごとに、無条件の愛がハートに流れ込み、その受け取る許容度が段階的に大きくなっていきます。そして、あるところで、最終的な気づきが起こり、無条件の愛に完全に満たされて卒業します。その段階で「光の存在」になります。

無条件の愛は生きているうちに受け取れるか

それでは2つ目の問い、「死んだ後でないと、無条件の愛は受け取れないのか」について、お話ししたいと思います。

実はこの答えは、先ほどのＣＩとの会話の中で出てきています。受け取る心の準備さえできれば、受け取ることができるのです。モーエンの本には、彼が無条件の愛を受け取る場面がたびたび出てきます。

ここで注目すべき点は、モンローやモーエンの場合、段階的に受け取れる量が増えていっていることです。それは死後世界を探索することで、それまで持っていた固定観念が少しずつ崩れ去っていく過程とも一致しています。

その過程で失われる固定観念には、死後の自己の存続や死後世界の存在に対する疑い、ガイドの存在に対する疑い、物質ではない非物質の存在に対する疑いなどがあります。あるいは輪廻する自己や、別の世界に住む自己の存在に対する疑いも含まれます。また、過去の体験に起因する心の傷も無数にあります。それらが癒されることで、そうしたものが生み出していた恐れや信念から自由になるということも起こります。この過去に起因する心の傷を癒すということは、固定観念が崩れ去っていく上で大きなウエイトを持ちます。

何をすれば信念が崩れ去るのかは、ガイドがよく知っています。ですから、私たちは自身のガイドの指導に従うのが最善なのです。

自分がそれまで持っていたそういった固定観念が崩れていくのは、心の中にある障壁の一部に穴が開きかけたことを意味します。そこへガイド経由で無条件の愛が注ぎ込まれます。すると、障壁のその部分が崩壊します。

無条件の愛を最初はわずかしか受け取れないのが、わずかでも受け取ることで、それが心を広げます。次により多く受け取れるようになり、それがまた心を広げ、というふうに少しずつ段階的に受け取る容量が増えていきます。

永久（とわ）の幸せ

モンローもモーエンも、そういう段階を経て、最終的に無条件の愛の源のすぐそばまで行き、そこで大量の愛の照射を受けています。

その結果、自分が永遠に変わってしまったということです。この段階に達すると、第一部でお話した永久（とわ）の幸せを得ることができます。というのは、無条件の愛の源とのつながりが永久的なものとなるからです。

実は、源のすぐそばまで行かなくても、シルヴィアの例が示すように「光の存在」を経由すれば、大量の無条件の愛を受け取ることは可能です。

ここで、モンローたちがシルヴィアと違う点がひとつあります。

それは、無条件の愛を受け入れたからといって、すべてのエネルギー因子がなくなったわけではないという点です。生命欲やさまざまな欲と喜怒哀楽の感情がなくなったわけではけっしてないのです。そういう欲や感情という煩悩がなくなったら、生きていけませんから。

シルヴィアの場合は死後ですので、すべてのエネルギー因子が消えました。それに対して、モンローらの場合は、生きているときですから、エネルギー因子のうち、誤った信念や価値観、物の見方、固定観念がなくなったのです。欲や感情という煩悩はそのまま残ります。

ハートの詰まり

実は、私も無条件の愛の片鱗に触れたことがあります。それについては『死後体験』に少し書きました。

1991年5月のことです。そのときは、感激で涙が止まらず、ついに鼻血になり、目からも血が出てきました。

何かそれまでは、随分と突っ張って生きてきたが、そんな必要はまったくなかった、ありのままの自分そのままでよかったんだ、と心から思いました。完全に受け入れられた、という感覚がありました。

その後、一週間ぐらい、蟻が必死に生きている姿を見ては感泣したり、オーラみたいなのが見えたり、ともかく、世の中が今までとはまったく違って見えていました。

でも、日常の些事に追われ、バルティモアでの国際学会に出席して忙しくしているうちに、気が付くとただの人に戻っていました。

その後、モンロー研究所に行くようになり、ガイドと会話する機会が増え、次第にわかってきたことがありました。

それは、何回かの機会にガイドから言われたのですが、私はハートにエネルギーの流れの詰まりがあり、そのために無条件の愛を受けられないとのことです。これについては『死後体験』に書きました。1991年の場合はある種のショック療法的な効果だったとのことです。

このハートの詰まりは、障壁とも呼ばれ、モンローの『究極の旅』によれば「地球の生命系への耽溺、また、そこで生まれるありとあらゆる信念体系」ということです。

この障壁、ハートの詰まりを実際にガイドに見せてもらったことがあります。私の心の内部の、ある層に存在するのですが、そこへ行くと、マリモのような毛の塊のようなものが、いくつも並んでいました。これをみな取り除かないといけないとなると、大変です。ちょっとやそっとの努力では除けないという感じでした。これらは、はるかな過去から、私の心の中にがっちりと埋め込まれてきているわけですから。

私はここ2年ほど、胸の中央部に何かが詰まったような痛みを感じることがしばしばあります。これはこのハートの詰まりと関係があるようです。モーエンもその過程で似たような体験をしています。

ニワトリと卵の問題

これらの詰まりは、シルヴィアの話に出てきたエネルギー因子と同じものだと思いますが、そう仮定すると大きな矛盾が発生します。

というのは、私が無条件の愛を受け入れられないのは、この詰まりのせいです。でも、シルヴィアの例が示すように、この詰まりは無条件の愛を受け取って初めて消え去るものです。

これはニワトリと卵の問題みたいです。ニワトリと卵どっちが先にあったかという例の疑問です。

「詰まりを取るには無条件の愛を受け入れなければならない。でも詰まりがあるから無条件の愛を受け入れられない」

この矛盾は次のように考えると、解けるでしょう。

同時に2つが起こるのです。

心の受け入れ準備ができたその段階で、無条件の愛が入るのと、詰まりがなくなるのが、同時に起こるのです。詰まりがなくなるのが先としても、無条件の愛が入るのを先としても、矛盾が生じますので、同時なのです。

これは、モンローやモーエンが体験したように、段階的にプロセスが進んでいってもいいでしょう。つまり詰まった領域のごく小さな部分で、無条件の愛が入るのと、詰まりがなくなるのとが同時に起こります。次に別の部分で同じことが起こります。これが繰り返されていくのです。その結果、段階的に詰まりが減っていくのです。

このためには、詰まりの原因である誤った信念や固定観念を段階的に消し去っていく必要があります。こうすることで無条件の愛が注ぎ込まれる下地ができていくのです。つまり、無条件の愛を受け入れられる準備をするということです。

ただし、生きている間は生命欲に起因するさまざまな欲や、感情などは生きていくうえですべて必要ですから、そういう因子はなくなりません。それ以外の不要になった信念、価値観、偏見、固定観念など、地球生命系で輪廻していくうちに身に付いてきたが、もう不要になった因子のみが、なくなっていくのです。その中には過去の体験で得た心の傷や精神的なトラウマなどと、それらに起因する信念が含まれます。

実は私の場合、過去でのいくつもの体験に基づく心の傷やトラウマが複雑にからみ合い、もつれた糸くずのようになって心の奥底にいくつもあります。それが先ほどお話したマリモのような毛の塊として見えたのだと思います。これが心の詰まりとなっているのです。

このもつれた糸くずを少しずつ解きほぐしていく作業が必要です。それには原因となったいくつもの過去の体験を再度、体験し直し、まず頭で理解すること、さらに、それらに起因する心の傷を十分に癒すこと、それらによってもたらされた信念や囚われを手放すことが必要です。場合によっては、過去の体験を思い出さなくても、それによってもたらされた傷を癒し、信念を手放すことはできます。

そうすることで、その部分の自分を受け入れられるようになります。それがその部分を覆っていた鎧が消え去ることになり、心を開くようになるのです。

以上をまとめると次のようになります。

モンローとモーエンの見出したこと

●輪廻の原因は、生命欲から生じるさまざまな欲と、ありとあらゆる感情、それに地球生命系で身に付いた誤った物の見方、信念、価値観です。

●スーパー・ラブ（無条件の愛）を学び、それを自ら発する人になれば、輪廻から卒業できます。

●そのためには、スーパー・ラブ（無条件の愛）をその源からもらい、スーパー・ラブ（無条件の愛）によって完全に満たされることが必要になります。

●そうすることで、輪廻の要因がひとつずつ消え去り、最終的にすべて消え去って、輪廻から卒業できます。

●卒業生は無条件の愛で完全に満たされ、光の存在になります。

●卒業は死後に起こります。

●生きている段階でも、心のさまざまな障壁を段階的に取り除いていくことはできます。それには障壁の原因となった過去の体験を理解し、癒し、それが元になって身に付いた信念から自由になることが必要です。そうすることで、心の受け入れ状態を準備し、徐々に無条件の愛を体験していきます。

初めは少しだけでしょうが、それが受け入れ許容度を増します。次にはさらに大きな無条件の愛を受け入れます。これが段階的に進み、最終的に大量の無条件の愛を受け取ることができます。こうすることで、無条件の愛の源と永久的なつながりができて、永久(とわ)の幸せを得ることができます。ただ、この段階では欲や感情はそのまま残ります。それらは死後に初めてなくなります。

第六章　永久（とわ）の幸せを得る

スーパー・ラブ（生命エネルギー・無条件の愛）の源と恒久的なつながりができることで、永久の幸せをつかむことができます。

私たちが見たことも聞いたことも体験したこともないスーパー・ラブを体験し、次第にその受け入れ許容度を大きくしていくには、次のことをしていくといいでしょう。

ガイドを信頼し、ガイドの導きに従う

生命エネルギー・無条件の愛を私たちは体験したことがありません。ですから、どうすれば体験できるか、私たちにはわかりません。すべてガイドに任せるしかないのです。ガイドを信頼し、その導きに従うのが最善です。モンローもモーエンもそうしています。

ガイドはあなたが今何をすることが一番必要とされているか、よくわかっています。ガイドと交信できるようになり、ガイドの指示に従うようにします。

たとえば、私の場合は、忍耐と愛を学ぶことが最重要課題だと言われています。もうひとつ、母なる地球に敬意を払うことも重要と言われています。

モンローの場合もガイドが用意したプログラムに則って、体験を深めていきました。

ですから、まずガイドとの交信ができるようになることが肝心です。

もちろん、交信ができなくても、ガイドはさまざまな仕掛けを作って、私たちの「気づき」を促そうとしています。ですから、それに乗っていけばいいわけです。しかし、私たちが気が付かなかったり、誤解したりすることが往々にしてあります。

ですから、ガイドと直に交信できるほうが、はるかにプロセスは速く進みます。

ヘミシンクを聴く

ガイドと交信するには、ヘミシンクを聴くのがもっとも簡単です。通常はフォーカス12、または21がガイドとの交信に適していると言われていますが、実際はどのレベルにおいても交信は起こります。

モンロー研究所やアクアヴィジョン・アカデミーで開催される各種のヘミシンク・プログラ

ムに参加することでプロセスは加速されます。
他の何をするよりもプログラムに参加することが、この過程を進んでいくのに最も効果的でしょう。

心から笑う

笑いには大いなる癒しの効果があります。「笑う門には福来る」と昔から言われているように、笑いには私たちが考える以上の力があるようです。笑いは、さまざまな信念や恐れでがんじがらめになってるハートを広げ、信念や恐れを内側から打ち破る力を与えてくれるように感じます。

本にサインを求められると、私は「ダジャレは世界を救う」と書くことがあります。これは、ふざけて書いてるのではなく、本当に笑いにはそれだけの力があると思っています。

それと笑顔、ほほえみ、も大切ですね。常にほほえみを絶やさないようにすることを心がけたいものです。私はともすれば何か考えごとをしていて、怖い顔になってることがあります。自分では怖い顔をしているつもりはないのですが、他人にはそう見えてしまうらしいのです。これではいけませんね。自分がどう思っていようと、まわりが怖いと思うのではまずいです。自戒を込めて、ほほえみを忘れないようにしたいものです。

愛情体験を思い出す

ヘミシンクのプログラムにはそんなに頻繁に参加できるわけでもありません。そういう場合、普段の生活で何か実践できることはないのでしょうか。

その答えは愛を体験すること、思い出すことです。

愛は心を開きます。愛を学ぶこと、愛を実践することは、無条件の愛を受け入れる心の準備をします。そのためには、まず愛をできるだけ多くの機会に思いっきり体験するよう心がけます。親子のあいだ、夫婦のあいだ、恋人同士、兄弟間、ペットとのあいだ、友人とのあいだ、身のまわりには、その機会がたくさんあります。

対象は人や動物だけでなく、物でもいいでしょう。車を大事にして、いつも手入れをしている人は、愛車という言葉があるぐらいですから、車を愛してるわけです。自分の大切にしている物に対して持つ愛着も立派な愛には違いありません。あるいは、海辺で波を見つめてゆったり過ごす時間でもいいでしょう。その時間を愛しているのです。

このように身のまわりの人、物、時間で愛をしっかりと経験することが効果があります。

あるいは、過去にした愛情体験を思い出し、その中にしばし浸ります。子供がかわいくてしょうがなかったときのこと、家族でいっしょに遊んだときのこと、恋人といっしょに過ごす時間など。

愛を思い出すことで、心の中のいろいろな傷は癒されていきます。涙がひとりでに流れることもあるかもしれません。それは何かが癒され、解消されたためかもしれません。1日の中で1回は時間をとり、愛情体験を思い出したいものです。

実はこの本とセットになっているCD（一部別売）（Waves of Love）」は、そのためにうってつけです。このCDを聴きながら、前にした愛情体験を思い出してみてください。

一通り思い出したら、最後にお母さんを思い出します。お母さんの姿や声、雰囲気を思い出したら、次の言葉を心の中で言ってみてください。

「お母さん、産んでくれて、ありがとう。育ててくれて、ありがとう。見守ってくれて、ありがとう。励ましてくれて、ありがとう」

しばらく、その感覚を味わったら、今度はお父さんを思い出します。お父さんの姿や声、雰囲気を思い出したら、次の言葉を心の中で言ってみてください。

「お父さん、育ててくれて、ありがとう。見守ってくれて、ありがとう。励ましてくれて、ありがとう」

しばらく、その感覚を味わいます。

その後、次の文を自分に向かって心の中で唱えましょう。

「私はひとりではありません。多くの人たちの温かな心に支えられています。私の心にも、同じ温かな心があります。その温かな心を忘れません。
不安になったとき、悲しい思いをしたとき、つらい思いをしたとき、この温かな心を思い出します」

このCDは愛情いっぱいの曲がたくさん入っていますので、聞いているだけで、泣けてくることがあります。それによって心から癒されます。

思いやりの心を持つ

愛情体験を思い出すことは、心を開いていく上で大切です。それと同様に大切なのが、人に対して思いやりの心を持つように努めるということです。つまり、愛情を持つということです。単に持つだけでなく、行動で示すという点が大切です。

無条件の愛の心からする行ないを善と呼びます。それは「光の存在」のみ行なうことができます。

私たちが行なう愛はさまざまな条件が付いてしまいます。たとえば、人に親切にする場合でも、その裏には人に良く思われたいという計算があったりします。前にも言いましたが、自我が付いてまわるのです。自我を否定することは自分の生命欲を否定することになりますので、それは無理です。ですから、私たちには本当の意味での善はできません。

でも、条件の少ない愛ならできます。それを実践していきます。

具体的には、自分を犠牲にして、人のために何かをするのです。ただ、私たちには智恵がありませんので、人のためにやったつもりが、その人のためにならなかったということもあります。その辺は仕方がないでしょう。私たちの限界です。

もう少し具体的に言うと、こうです。

人に親切にする、優しくする、思いやる、人を大切にする、笑顔を絶やさない、傲慢にならない、我を張らない。

その際に「三輪空（さんりんくう）」ということを実践します。それは「この私が、この物を、あの人に与えてやった」ということを忘れるのです。つまりできるだけ自我を付けないようにします。これは実際にやってみるとわかりますが、ほとんど不可能です。自分が常に自我を意識していることが、身にしみます。それも一つの気づきだと言えます。そういうこともやってみて初めてわかるのです。だからこそ、やってみなさいと言われるのです。

誤った信念・価値観から自由になる

私たちは地球生命系を輪廻してくる間にさまざまな価値観、信念を身に付けています。それらは地球で生き残っていくために身に付いたのですが、卒業した段階の存在（地球生命系の卒業生）の持つ普遍的な価値観とは、合わないものも多くあります。ここでは、そういう価値観を「誤った」信念・価値観と呼ぶことにします。

たとえば、多くの宗教が教えるところには、卒業生が持つ価値観とは相いれないものも多々あります。そういう誤った教えは、死後世界について自分で体験し、高次のさまざまな生命体と交流し、智慧を得ていくと、次第になくなっていきます。

また死後世界の存在に対する疑いとか、自己の死後の存続に対する疑い、ガイドの存在に対する疑い、輪廻に対する疑いです。これらからは体験を通してのみ自由になることができます。これまでに何度もお話ししていますが、それには、ヘミシンクを聴くことが大きな手助けになります。

また、過去の体験で得た心の傷や精神的なトラウマなどと、それらに起因する信念も、その元になった体験を再度体験し、理解し、癒すことで、解消することができます。ただ、通常は元になった体験は一度や二度ではなく、いくつもの過去世での似たような体験をしてる場合が多いようです。そのため、時間をかけて少しずつ癒していくことが必要なようです。

さらに根本的な信念として、自分のサバイバルに関するものがあります。それは、自分が何が何でも生き残らなければならない、生き残りたいという強烈な信念、欲求です。これは、すでにお話しした、自己の死後の存続とも関連します。

ただ、不思議なもので、たとえ、自己の死後の存続が体験的にわかっても、この欲求から自由にはならないのです。

そういうことを踏まえて、よくよく考えてみると、この欲求は2つに分かれることがわかります。ひとつは「自我（エゴ）を満たしたい」という欲求。もうひとつは「生き残りたい」という欲求です。自分だけが生き残りたいという欲求が元にあったのですが、「自分だけが」という部分が独り歩きをして、前者になったと思われます。

「自我（エゴ）を満たしたい」という欲求は、認められたい、ほめられたい、偉い人と言われたい、他者をしのぎたい、という思いです。

自己の死後の存続を体験的に知ると、後者の「生き残りたい」という欲求は和らぎます。死に対する恐怖が軽減するからです。ただ、前者の「自我（エゴ）を満たしたい」という欲求は、まったく変わりません。

この欲求を満たすには、スーパー・ラブで満たされる必要があります。無条件の愛によって自分が100％受け入れられることでのみ、満たされます。

自分の持っている価値観や信念については、日々の生活の中で気づいていくことができます。というのは、自分が体験する現実はすべて自分の信念を反映しているからです。好ましくないと思う体験をしたら、その背後に、どういう信念を自分が持っているのか、調べ、それに気づくことができます。そうすれば、その信念を好ましい形に変えればいいのです。

信念には浅く信じているものから、心の底で深く信じているものまであります。この方法で変えていけるのは、浅く信じているものです。頭での理解で変えることが可能です。

それに対して心の奥から信じているような根本的な信念は、これまでにお話ししたように、スーパー・ラブで満たされることで、解消されます。

生命エネルギーを体内に取り込む

宇宙にみなぎる生命エネルギーと地球の持つ生命エネルギーを、イメージングと呼吸法、発声法を使い、体内に取り込むことができます。人の体の中を垂直に通るエネルギーの管（プラーナ管）があります。

生体エネルギーをプラーナ管を通して体内へ取り込んでいき、さらにハートへと取り込むことで、ハートでのエネルギーの流れの詰まりを解消していくことができます。そのためには、地球とのつながりを回復することが大切です。

地球はひとつの生命体です。

私たち人間や地上に生きるあらゆる生命、さらに海や山、川、風、岩や溶岩など、あらゆるものが地球の恩恵を受けています。私たちが生きていけるのは地球のおかげだと言っても過言ではありません。地球は人間や他の生きもの、さらには海、川、大地といったものも含めた全ての生命体が生きていけるように、絶妙なバランスを保っています。これは地球自体に意識があり、それを意図的に行なっているからに他なりません。地球は私たち地球に生きる生命にとって母なる存在なのです。

地球は過去の長い歴史の中で、生命進化に大きく貢献してきています。あるときは、地球表面全体を灼熱の地獄にし、あるときは氷で全面を覆いました。

これによって生命は死滅するどころか、その後に大躍進を果たしています。

私たち人間は地球の大切さを知っていました。地球とつながることの大切さ、それによってもたらされる心の安定についても、よくわかっていました。また他の生命と共生していくことの意義も心得ていました。

ところが、現代物質文明は、私たちを地球や自然からどんどん切り放し、私たちがどれだけ地球や他の生命に依存しているかを、忘れさせています。私たちはどれだけ地球や自然の恩恵を受けているか、ということをすっかり忘れています。

大切なことは地球とのつながりを取り戻すことです。精神的なつながりをつけることです。

それにはどうしたらいいでしょうか。

一番手っ取り早く地球とのつながりを回復するには、地面に寝っ転がることです。

晴れた日に草原で寝転ぶといいでしょう。草のひんやりとした感触や、涼しい風が頬をこする感覚を楽しみます。いなかに住んでいる人なら、鳥のさえずりが聞こえるでしょう。あるいは蛙の鳴き声かもしれません。木々のざわめきに耳を澄ませましょう。

暖かい日差しと、青空、流れる白い雲、なんとも和やかな心持ちになるでしょう。

そして地球に思いを馳せます。

何だか心の底からありがとうと感謝したい気持ちになります。

地球と結びつく別の方法もあります。

私たちのまわりにはヒントになるものがたくさんあります。地球としっかりつながったものは何でしょうか。

木を見てみましょう。

木は根を深く大地に張り、しっかりと地球と結びついています。空に向かって大きく伸びた枝は、空から生命エネルギーを取り込んでいます。また大地にしっかりと張った根からも、水や養分と生命エネルギーを吸収しています。

生命エネルギーは無限に存在します。それを枝から目いっぱい体内に取り込んで、体内を流し、根から地球へと流してあげています。また逆に根から取り込んだ生命エネルギーを体内へまわし、枝から空へと返しています。

そこにはエネルギーの流れがあります。

これが理想の形です。

＊＊

私たちも木のまねをしてみましょう。

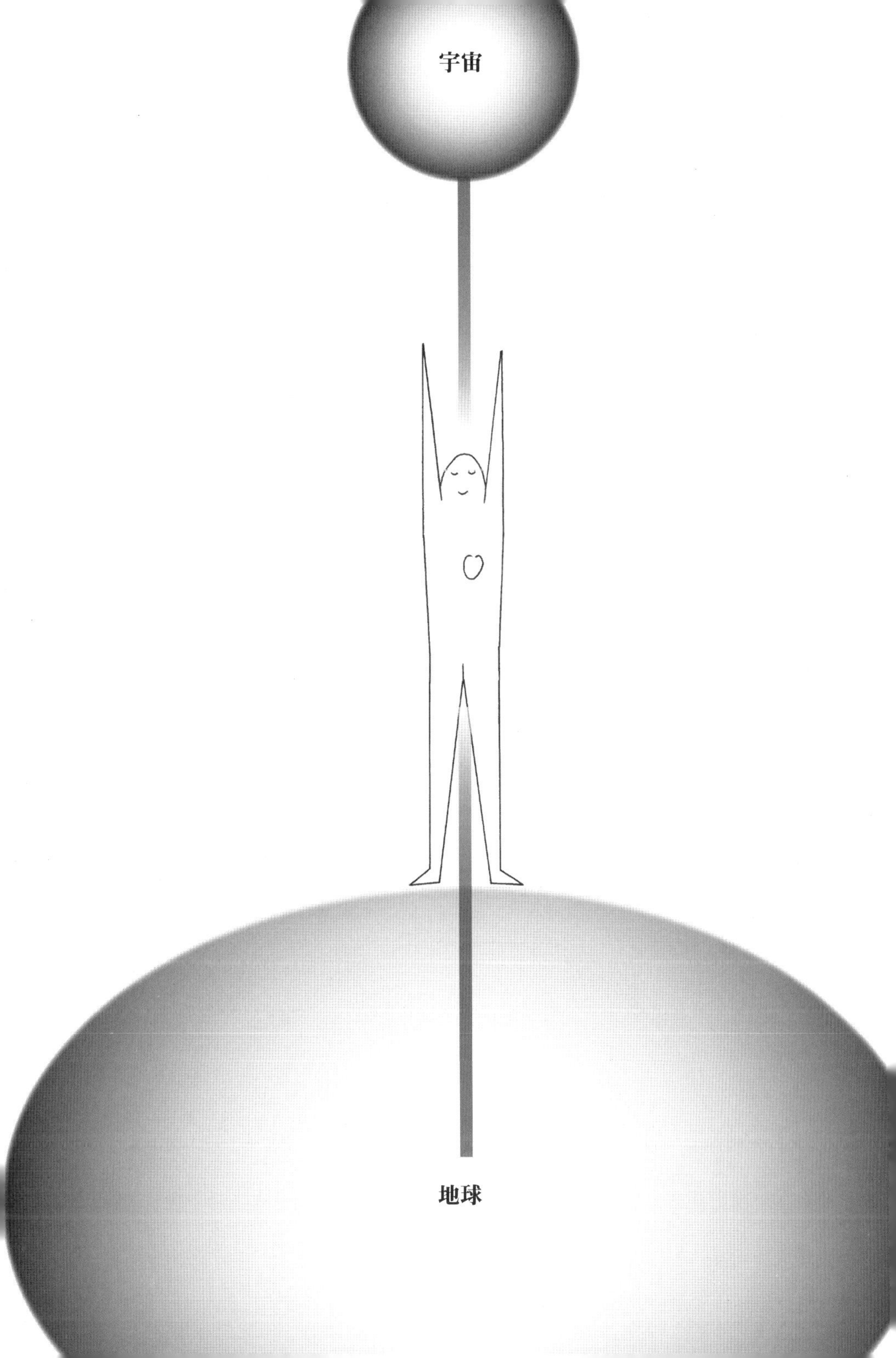
宇宙
地球

まっすぐに立ち、両足をちょっと広げ、両手を高く空へ突き上げます。そして吸う息と共に、両手の先と頭のてっぺんから、生命エネルギーを取り込みます。そのエネルギーを体内の上から下へ流し、吐く息と共に、両足から大地へ流します。

今度は逆に両足から生命エネルギーを取り入れます。それを下から上へ流して、頭のてっぺんと両手から空へ返しましょう。

次に頭のてっぺんからと両足から、吸う息と共に、同時にエネルギーを取り込んで、ハートへ注入します。そのエネルギーでハートを大きく広げるようにします。次いで息を吐きながらエネルギーを全身へまわします。

次に目をつぶります。

ここからは想像でいいのですが、次のイメージを思い描きます。

頭のてっぺんから1本の細い透明の線が上へ伸びています。空のはるか上のほうへまっすぐに伸びています。この線といっしょに上へ上へと行きましょう。それは生命エネルギーの源まで続いています。

今度は、視点を頭のてっぺんに戻します。

さっきの線は頭のてっぺんから体内に入り、そのまま、まっすぐに背骨に沿って降りていきます。そしておしりから体外に出て、地中へと入っていきます。その線はまだ続いています。どんどん地中を進み、地球の中心核へと到達します。

次にこの1本の線の全体をイメージしましょう。

ちょうど真ん中あたりに自分がいます。

その線ははるか上空から体内へ、そして地中深くへ、さらに中心核へとつながっています。

次にこの線の上を行ったり来たりしてみます。空のはるかな上空、自分の体内、そして、地球の中心核。それぞれのところで、しっかりとその意識を把握してみます。

これはヘミシンクを聞きながらやるとさらに効果的です。

＊＊

『死後体験』に書きましたが、この線が実際見えたことが何度かあります。この線は意識の糸であり、また生命エネルギーの流れる道でもあります。

地球とのつながりの悪い人は、この線が地中へ入っていないようです。どこかで切れてしまっているために、精神的な安定感が得られないのです。このイメージングをしていくと、プラーナ管が徐々に大地の中へ、上は遥かな上空へと伸びていくようになります。

モンロー研究所で行なわれるガイドラインズというプログラムに参加したときのことです。このプログラムは、自分のガイドとつながることを目的としています。私はそのときすでにガイドたちとの交信ができていましたので、気軽な感じで参加しました。

ところが、実際プログラムが始まると、今までのようには、うまく交信できないのです。どうも今までのガイドから別のガイドに変わったらしい、とまではわかりました。

そんなとき、ある参加者が、私のそばにネイティブ・アメリカンの酋長が見えると言いました。彼女は霊的能力が高く、そういう存在が見えるらしいのです。そう言われて気が付いたのですが、以前のプログラムで、自分のガイドとしてネイティブ・アメリカンの酋長の姿を、まじまじと見たことがありました。この酋長がどうも私に何かを教えたがっているのです。

その後も、うまく交信が取れずに四苦八苦しましたが、プログラムの最後のほうになって、ガイドから自分へ手紙を書くというセッションがありました。

これはどういうことかと言うと、すべてをガイドに任せて、その想いを書き付けるというものです。

静かな木陰を選び、いすに座って瞑想し、書き始めました。そうしてみると、書かれた文章も意味がありますが、それ以上にこのネイティブ・アメリカンのガイドの気持ちが理解できました。

彼が私に伝えたかったことは、自然と一体になるということです。見渡す限りの大地や、木々の生え茂る大きく豊かな山、心地よいそよ風、大空、白い雲、こういったものとの一体化です。そうすることで得られる安心感、安定感です。彼はそれを腹の底から感じていました。これは言ってみれば、生命エネルギーとの一体化です。

ですから、死の恐怖は微塵もありません。死んだら、自然に帰るだけです。この感覚を実感しろと彼は言うのです。

自然の一部である自分であり、自然にすべてを任せきっているから、そこには一点の迷いも苦しみもないのです。

ネイティブ・アメリカンはすごい！

そう思いました。現代人は頭でっかちにはなりましたが、何か大切なものを忘れてしまいました。文明化とは一体何なのでしょうか。

話しを戻しましょう。

生命エネルギーを体内へ、プラーナ管へ取り込むことを話していました。自分が木になった気になって（これはダジャレです）、足元から地球の生命エネルギーを、頭のてっぺんから宇宙の生命エネルギーを取り込みます。この際、吸う息と共に取り込み、吐く息で全身へとまわします。

さらに、息を吐くときに声を出すことで効果が倍増します。アー、イー、ウー、エー、オーのどれかの声を発します。ゆっくりとできるだけ長く声を出します。大声である必要はありません。声を響かせることが大切です。声によってプラーナ管が振動することが、さまざまな気づきと信念の解消を促します。

過去に起因する傷や、それに伴って身に付いた信念は、肉体やエネルギー体上のしこりという形で自分に付着しているというふうに考えることもできます。声の作り出す振動が、しこりの持つ固有振動数と一致すると、しこりは解消されていきます。ですから、意図的に声の高さを変えてみたり、音色を変えてみるといいと思います。

自分の中にあったスーパー・ラブ

本書のオリジナルが出版されたのは２００４年8月です。それ以来7年間、モンロー研究所を数十回訪れ、さまざまなプログラムに参加してきました。スターラインズには個人として5回参加し、主催者として4回開催してきました。その間、モンローやブルース・モーエンも行けなかった創造の源（生命エネルギーの源）も何度となく訪れました。いわばスーパー・ラブを求めて3千里というところです。

ところが、どこに行っても、スーパー・ラブは強烈には感じられませんでした。ハートが詰まってるから感度が悪く、そんなには感じられないのだと思いました。ガイドや高次の存在にもそう言われたことがあります。

ところが、フォーカス15の時間を超える状態で、生まれる前の胎内にいたころの自分に戻るエクササイズを行なったときのことです。胎内で何か大きなものとしっかりとつながっていて、安心感があり、愛されていることを実感しました。ここまでは、このエクササイズのシナリオどおりです。さらに、その前へと戻りました。

すると、自分が純白に光り輝く球のような形の存在になりました。それは、命の輝きにあふれ、創造力と好奇心に満ち、喜びいっぱいで、はち切れんばかりのエネルギーを持ち、元気に動き回っているのです。大いなる可能性を持ち、期待感でワクワクしているのです。生命エネルギーそのものの小さな塊なのです。それは小さいですが、でも、創造の源と同じエネルギーからできているのです。自分の本質は純粋な生命エネルギーだ、と実感しました。ですから、スーパー・ラブそのものなのです。

「自分はこんなに大きな可能性とエネルギーに満ち満ちていたのに、今の自分は一体どうしたことだ。もっと全世界で大活躍しないと期待に応えていない」と強く反省しました。それほどの可能性を秘めているのに、それをさまざまな信念や価値観などでその発露を制限しているのです。

スーパー・ラブに会うのに宇宙の果てまで行くことはなかった、自分の中にあったんだと思いました。

ただし、これも、宇宙の果てを超え、さらに、この宇宙から出て、ほうぼう探し回ったり、この本で紹介してる生命エネルギーを取り込むエクササイズや愛情体験を思い出すエクササイズをやったからこそ、行きついたのだと思います。まさにメーテルリンクの「青い鳥」です。

チルチルとミチルは幸福の青い鳥を求めて夢の中で過去や未来の国へ行きます。ところが、どこに行っても見つかりませんでした。そして最後にわかったのは、自分の家にある鳥かごの中にいた、というお話です。あちこち探し回ったからこその発見だったのではないでしょうか。

自分の中ではなく外に求めるということは、自分にはない、と自己を否定していることになります。自分はだめなんだ、自分のこんな小さな愛ではだめだと、自分を受け入れていないのです。

「自分を受け入れましょう、自分を愛しましょう」とよく言われます。私はこれまで、それはできていると思っていました。自分は自分を愛していると思っていました。ところが、そうではなかったことに気づきました。外に求めるということは、自分を否定しているのです。受け入れていないのです。ありのままの自分でよかったんだ、本質はスーパー・ラブそのものだったんだとわかっていなかったのです。

古来、自分の内面に奥深く入っていくと、本当の自分、真実の自分に会えると言われています。そこはまた源につながる場でもあると。

バシャールという地球外生命体は、本来の自分と整合した生き方をしようと言います。本来の自分とは、この純粋無垢でエネルギーと喜びいっぱいの自分のことだったんです。

何物も怖くない、怖いもの知らずの自分です。今の自分のようにいろいろなものに怯えている自分は、本来の自分ではなく、そのまわりに厚く積もった信念や価値観、トラウマや傷などを通して外の世界を見ているのです。

それらが、解消されていくにつれ、本来の自分はさらに表面へ出てくるようになります。

結局のところ、意識の高次のレベルへ向かっていくということは、内面奥深くへ入っていくことと同じことであり、生命エネルギーの源へは、どちらからでも行きつくことはできるのです。

だから、この本で紹介したさまざまな方法を使い、誤った信念や価値観を取り除き、徐々に多くのスーパー・ラブを受け入れていき、スーパー・ラブの源とのつながりを強固なものにしていくという道は、自分の内面奥深くで、誤った信念や価値観で覆われて隠れている真実の自分とつながっていく道でもあったのです。

人それぞれの中に、光り輝く生命エネルギーそのものである真実の自分があります。誤った信念がはがれ、その真実の自分に即した生き方をするようになると、それがそのままスーパー・ラブを自ら発する人になるということなのです。

それが永久(とわ)の幸せを得ることでもあるのです。

第四部　仏教が説く宇宙と生死

第一章　仏教との比較

唯識（ゆいしき）仏教

輪廻から卒業するという表現を聞くと、すぐに思い出すのは、仏教で説かれる「解脱」です。これはまさしく輪廻からの卒業を意味し、その結果、仏になります。

仏教にもいろいろな宗派がありますが、目指すところはどれも同じで、解脱です。宗派の違いは方法論の違いと言えます。

ここで、p163に出てきたエネルギー因子というのが、仏教の中でも特に唯識各派で言うところの「業種子（ごうしゅうじ）」に似ていますので、まず唯識仏教から見ていきましょう。

唯識仏教では、あらゆる存在や事象はただ心の本体たる「識」の作用によって仮に現れたにすぎないとします。つまり、すべては心の中にあるとします。

それでは、業種子について説明します。

唯識仏教では、私たちの心を徹底的に分析します。そして通常の「意識」の下に「末那識」、そのさらに下に「阿頼耶識」があると説きます。

「末那識」とは、すべてのことを自己中心に考える心、自己執着心です。

「阿頼耶識」とは、私たちの今までのすべての行為が、納まっている蔵のようなところで、蔵識とも呼ばれています。

唯識仏教では、私たちが死ぬと、意識、末那識は死にますが、この阿頼耶識が生き続け輪廻転生すると説きます。

私たちの行為は、業と呼ばれます。体での行ないだけではありません。口で言う行ない、心で思う行ないもあります。それを身・口・意の三業と呼びます。

私たちの行ないはすべて阿頼耶識に納まっていると書きましたが、どういう形で納まっているのでしょうか。その答えが、「業種子」です。単に「種子」とも言います。

種子はタネということですから、条件がそろうと、発芽して具体的な結果をもたらします。たとえば交通事故にあうとか、金が儲かるといった結果です。

「種子」とはそういう結果を生み出す原因としての力のことです。

私たちは常にさまざまなことを思い、行ない、話しています。そういった行為は種子を阿頼耶識内に次々と蓄えていきます。種子は具体的な結果として現れるまで、そこに蓄えられています。

私たちは輪廻転生してきていますので、阿頼耶識の中に蓄えられている「種子」は、この世に生れ落ちてからのものだけではありません。はるかな過去から蓄えられてきています。

こういったさまざまな種子は、私たちが仏になっていく上で大きな障壁、障りになります。唯識仏教ではこれらは煩悩障と所知障の２つの種子に分けられるとします。これらはともに煩悩です。

そしてそれらを押さえつけ（これを伏すると言います）、断じ、捨て去れば、解脱できるとします。つまり、唯識仏教では、一切の煩悩を伏断捨すれば仏になれると説きます。また私たちが輪廻する原因は煩悩にあるとします。

ここで煩悩とは私たちを悩ませ煩わすものですが、それには六煩悩（貪、瞋、癡、慢、疑、悪見）と20種の随煩悩があります。

貪とは、むさぼる心で、さまざまな欲の心です。

瞋とは、怒りです。

癡とは愚痴、無明とも呼ばれます。無明は、最も根源的な無知であり、一切の煩悩の根本原因であるとします。具体的な心としては、恨み、ねたみ、そねみ、憎しみなどがあります。

慢とは、自己の優越を確保しようとする心です。自慢など七種あります。

疑とは真実の道理に疑いをいだき躊躇する心です。

悪見とは、顛倒（てんとう）の見で、平たく言えば、誤った見方です。

さらに20種の随煩悩がありますが、あまり細かくなりますので、これらについては専門書に譲ります。

要するに、私たちが日々悩まされているさまざまな心です。

唯識仏教では、こういった一切の煩悩を伏断捨すれば仏になれると教え、それには三大阿僧祇劫（あそうぎこう）という、気の遠くなるような長い年月がかかると言われています。ちなみに一大阿僧祇劫とは、一辺八百里という大きな石があり、それを百年に一度天女が羽衣でさっと払うとし、こうすることによってこの石がすっかり摩滅してしまうに要する時間です。

ここで、六煩悩の中の癡（ち）（つまり無明）は、すべての煩悩の根本原因です。「宇宙の真理を知らないという無知」を意味しています。

原始仏教では、私たちが輪廻している根本原因は「無明（むみょう）」であると説き、無明を滅すれば、輪廻から解脱できると説きます。つまり「宇宙の真理」を知ればいいということになります。

個人的には、無明が一切の煩悩の根源なら、原始仏教の説くように無明さえ滅すればいいわけで、唯識仏教の説くように一切の煩悩をなくそうと努力する必要はないと思えます。なぜ唯識では、すべての煩悩をなくそうとするのか、勉強不足で私にはわかりません。

唯識の教えるところをまとめるとこうなります。

●輪廻の原因は煩悩です。

●一切の煩悩を伏断捨すれば解脱し、仏になれます。
●ここで煩悩とは、さまざまな欲、怒り、恨み、憎しみ、ねたみ、自慢などの優越感、真理に対する疑い、誤った見方、それ以外のさまざまに私たちを悩ます心です。

モンローやモーエンとの比較

この唯識の説くところを、モンローとモーエンの言うところと比べてみましょう。
比較のためにもう一度、先はどの結論（p175）をここに書いてみましょう。

＊＊

●輪廻の原因は、生命欲から生じるさまざまな欲と、ありとあらゆる感情、それに地球生命系で身に付いた誤った物の見方、信念、価値観です。
●スーパー・ラブ（無条件の愛）を学び、それを自ら発する人になれば、輪廻から卒業できます。
●そのためには、スーパー・ラブ（無条件の愛）をその源からもらい、スーパー・ラブ（無条件の愛）によって完全に満たされることが必要になります。
●そうすることで、輪廻の要因がひとつずつ消え去り、最終的にすべて消え去って、輪廻から卒業できます。
●卒業生は無条件の愛で完全に満たされ、光の存在になります。

●卒業は死後に起こります。
●生きている段階でも、心のさまざまな障壁を段階的に取り除いていくことはできます。それには障壁の原因となった過去の体験を理解し、癒し、それが元になって身に付いた信念から自由になることが必要です。そうすることで、心の受け入れ状態を準備し、徐々に無条件の愛を体験していきます。

初めは少しだけでしょうが、それが受け入れ許容度を増します。次にはさらに大きな無条件の愛を受け入れます。これが段階的に進み、最終的に大量の無条件の愛を受け取ることができます。こうすることで、無条件の愛の源と永久的なつながりができて、永久の幸せを得ることができます。ただ、この段階では欲や感情はそのまま残ります。それらは死後に初めてなくなります。

＊＊

唯識の主張とモンローらの言うところは、似ているところがあると言えそうです。もちろん相違点も明らかにありますが。

ある意味これは驚くべきことです。

というのは、モンローやモーエンはキリスト教の教育を受けた典型的アメリカ人で、東洋思想や、まして仏教など身近な存在でもないし、詳しくはないと思います。彼らの本を読んでも、モーエンの本にチャクラという言葉は出てきますが、仏教のことは一切出てきません。そういう彼らがこういうことを述べているという事実は、注目に値します。

まず、似ている点ですが、列挙するとこうなります。

(1) ともに、輪廻から抜け出すことができるとしています。

(2) ともに、輪廻の原因は、煩悩であるとしています。モンローらの、「生命欲から生じるさまざまな欲と、ありとあらゆる感情、それに地球生命系で身に付いた誤った物の見方、信念、価値観」というのは、広い意味の煩悩と考えていいでしょう。煩悩とは、私たちを煩わせ悩ませるすべてのもの、仏になるのに障りになるすべてのものです。

(3) 輪廻を卒業した後になる「光の存在」は「無条件の愛」に満ち満ちています。解脱後になる仏は慈悲（無条件の愛）そのものです。「光の存在」と仏とは極めて似た存在であると言えます。

ただ大きな違いが2つあります。

(1) 輪廻の原因を取り除く方法の相違です。モンローらは、無条件の愛をその源からもらう必要があるとし、無条件の愛の力で原因を解消するとしていますが、唯識では自分の力で修行して取り去ります。モンローらは輪廻の原因を自分で直接取り除こうとはしません。

(2) この過程にかかる時間が大きく違います。唯識仏教では、三大阿僧祇劫という気の遠くなるような長い時間かかるとします。これに対して、シルヴィアの場合には、無条件の愛に満たされながらプロセスが進んだので、短期間で終了しました。つまり、途中での無条件の愛の有無が、かかる時間に大きな差を生んでいると言えます。

もうひとつ押さえておきたいポイントは、シルヴィアは死んだ後に、すべてのことが起こったという点です。生きている段階ではありません。生きている段階で煩悩がなくなったら生きていけなくなります。食欲も睡眠欲も生命欲もなくなるわけですから。ただ、生きている段階で無条件の愛を受け取ることはできます。それによって、不要になった価値観や信念、過去の体験から得た心の傷やトラウマから自由になることが可能です。

この点について、唯識では解脱が死後なのか、生きているときなのかについて、明言していません。

悟りの階梯

仏教では悟りには52段あると説きます。これは華厳経に出ていることです。52位の最高位が仏の悟り、仏覚です。私たち凡夫は0(れい)位にいます。すべての位には名前がついていて、10位は十信、それ以降は、十住（20位）、十行（30位）、十回向（40位）、十地（50位）と呼ばれます。51位は等覚です。

歴史上の有名な聖人たちはどこまでの悟りまで開くことができたのでしょうか。

釈迦はもちろん52位の仏の悟りです。八宗の祖と仰がれるインドの龍樹(りゅうじゅ)は、自力では41位の初地(しょじ)まで、他力（阿弥陀仏の力）によって51位（等覚）、インドの無著(むじゃく)も41位、中国の南嶽慧(えんがくえ)

郵便はがき

料金受取人払郵便

豊島支店承認

3396

差出有効期間
平成25年5月
1日まで

1718790

425

東京都豊島区池袋3-9-23

ハート出版

①書籍注文 係
②ご意見・メッセージ 係（裏面お使い下さい）

〒		
ご住所		
お名前	フリガナ	女・男 歳
電　話	－　－	

注文書	お支払いは現品に同封の郵便振替用紙で（送料200円）	冊 数

ご愛読ありがとうございます（アンケートにご協力お願い致します）

●ご購入いただいた図書名は？
●ご購入になられた書店名は？ 区 市 町

●本書を何で知りましたか？

① 書店で見て　② 新聞の広告（媒体紙名　）

③ インターネットや目録　④ そのほか（　）

●ご意見・著者へのメッセージなどございましたらお願い致します

●お客様の個人情報は、個人情報に関する法令を遵守し、適正にお取り扱い致します。
ご注文いただいた商品の発送、その他お客様へ弊社からの商品・サービスなどのご案内をお送りすることのみに使用させていただきます。第三者に開示・提供することはありません。

思は10位の十信（六根清浄位）、天台宗を開いた天台は9位の九信（五品弟子位）です。面壁9年といって、壁の前に9年間も坐禅したために手足が腐ってしまった達磨は、30位程まで悟ったと言われます。いかにこの道を極めるのが難しいことか如実に表しています。

なお、40位までは退転します。つまり、ちょっと油断するとガラガラと音を立てて悟りが崩れてしまうのです。

悟りの階梯を上がるにつれ、さまざまな超能力が開花してくると言われています。自分の過去世が見えたり、遠隔視ができたり、予言、予知ができたり、体外離脱できたり、諸菩薩との交信が可能になったりするということです。

モンローたちが見出したことと比較してみましょう。

まず、無条件の愛を受け入れるたびに、段階的に心が広がっていき、無条件の愛の許容量が大きくなるとしています。そのたびにいろいろな誤った信念、価値観、あるいは心の傷やトラウマなどが消滅します。この点は、悟りの階梯を上がっていくのと似ていなくもありません。しかも、無条件の愛を受け入れても、初めのうちは、しばらくすると、普通の人に戻ってしまいます。これも悟りが崩れてしまうのと似ています。最終的に大量に受け入れて初めて元に戻らない身になるようです。

超能力に関しては、ヘミシンクを聴くことで、体外離脱したり、過去世を見たり、遠隔視ができたり、未来が見えたり、ガイドや諸々の高次の精神存在と交信できたり、宇宙を探索したりします。私の体験では、これは無条件の愛とは直接関係しないようです。無条件の愛を受け入れてなくても、こういったことは可能です。どちらかと言うと、ハートの広がりよりも、眉間にある第3の目と呼ばれるチャクラや、頭のてっぺんにあるチャクラが広がった感じがします。ですから無条件の愛とは直接関係しないのかもしれません。ただ、いずれにせよ、これも段階的にできるようになっていきます。

結論として、段階的に上がっていくという点と、超能力的な体験をするようになるという点で、仏教の悟りの階梯と似ていなくもありませんが、その詳細は、仏教の悟りの各レベルの詳細が不明なので、比較できないと言えるでしょう。

浄土系仏教

阿弥陀仏の力（他力）で一挙に仏のひとつ下の位まで上げてもらい、死んだら、さらにひとつ上がって、仏にさせてもらうというのが、浄土系仏教です。阿弥陀仏とは、すべての仏を仏たらしめた仏の中の仏、すべての仏の師匠ということです。

仏のひとつ下の位を正定聚不退転（しょうじょうじゅふたいてん）の位と言います。この「阿弥陀仏に、仏のひとつ下の位へ上げていただく」ということは、生きているときに、起こります。死んでからではありません。

どうしてそんなに簡単なの、と思われるかもしれません（実際は簡単じゃないんですが）。

それは、阿弥陀仏がそういう力のある言わば特効薬を作ったからです。その特効薬を名号（みょうごう）と呼びます。これをこしらえるために、阿弥陀仏はまず五劫の間、熟慮し（五劫思惟）、挑載永劫（ちょうさいようごう）の修行の末「南無阿弥陀仏」の名号を造り出したのです。劫（こう、カルパ）とは、非常に長い時間で、4億3千2百万年とも43億2千万年とも言われます。その5倍の時間、熟慮し、さらにそれを形にするために、これまた長い時間修行をしたということです。その結果できあがったのが、「南無阿弥陀仏」の名号だということです。だからこれを頂けば、あっという間に、仏のひとつ下の位に上がるのです。

「これを頂けば」というところがミソです。自力の心がじゃまをして、頂けないのです。だから自力の心がすたるまで求め抜くことが必要になってきます。これはこれで大変な道です。

それから、仏のひとつ下の位というのもミソです。人間は煩悩具足の身と言われるように、私たちは煩悩に目鼻が付いたようなものです。私たちから煩悩を取ったら、生きていられません。ですから、仏のひとつ下の位に上げてもらっても、煩悩は増えもしなければ、減りもしません。

じゃ、何が変わったの、と聞かれると、大きな違いがあります。それは死後に仏になることが、生きている間に100％保障されたのです。それが火を見るよりも明らかになった状態です。私たちの想像を超えた状態です。

なお、浄土系仏教では、輪廻の原因は煩悩ではなく「疑情」ひとつだとします。疑情とは阿弥陀仏が私たちを助けると約束していることを疑う心です。この約束のことを阿弥陀仏の本願といいます。

阿弥陀仏は「宇宙の真理」ですから、それを疑うのが「疑情」であり、それを知らない状態は、前にお話したように「無明」です。ですから、無明と疑情は同じということになります。

モンローらの言っていることと比較して、興味深い点は、ともに無条件の愛の力に依存しているという点です。モンローらの方法は、唯識の方法と浄土系の方法の中間型、ないしは、浄土系に近いと言えなくもないでしょう。

仏教との相違点

輪廻から卒業するということについて、モンローらが見出してきた事柄と、仏教を比較してきました。そこには興味深い類似点が見られました。

それでは両者に相違点はないのでしょうか。実はいくつかあります。順に見ていきましょう。

霊魂の存在

仏教は霊魂や魂という永遠不変の実体の存在を否定しました。仏教の旗印のひとつに「諸法(しょほう)無我(むが)」という教えがあります。これは、すべてのものは因縁によって生じたのであって実体性はないという教えです。

ここで「諸法」とは森羅万象、つまりすべてのものという意味です。「無我」というのは「我」がないということです。「我」とは、変化しない実体のことです。

たとえば、川というものを見てみましょう。川は何かそこにあるように見えますが、実は流れている水自体はどんどん変わっていきます。何か変化しない実体があるわけではありません。

世の中のものすべてが、固定不変の何か実体があるのではなく、常に変化しているのです。そこに永遠不変の何かを求めるのは私たちの迷いであると教えるのが、「諸法無我」です。

ですから、一般に考えられているような魂とか霊魂のようなものが、私たちの実体であるとするのは、仏教とは合わないことになります。

ここで「諸法無我」は、「諸行無常（しょぎょうむじょう）」「涅槃寂静（ねはんじゃくじょう）」と併せて、仏教の三法印、つまり3つの旗印と呼ばれます。仏教のトレードマークというわけです。仏教にもいろいろな宗派がありますが、この3つを言わないのは仏教ではないという意味です。

ここで皆さんは疑問に思われるかもしれません。というのは、仏教は六道輪廻ということも言ってます。輪廻転生は仏教の旗印とまではいかないまでも、これを否定したのではやはり仏教ではないでしょう。

輪廻と「諸法無我」は矛盾しないのでしょうか。

答えは、矛盾していません。

「私」は固定不変の存在ではなく、常に変化しながら輪廻していくと考えるのです。

これは前にお話した唯識仏教の見方でより明らかになります。唯識では私たちの意識の下に「末那識（まなしき）」、そのさらに下に「阿頼耶識（あらやしき）」があると説きます。肉体の死とともに意識と末那識は死にますが、阿頼耶識が残ります。

輪廻するのはこの阿頼耶識です。私たちの思いや行ないによって阿頼耶識には常に新しい種子が入ってきています。また蓄えられた種子の中には発芽して結果を出したものもあります。そういう種子は消えていきます。つまり、阿頼耶識は常に激しく変化していると言えます。先ほど例に挙げた川のように、中身はどんどん変わっていきます。ですから「諸法無我」と輪廻は矛盾しないのです。

仏教では六道輪廻ということを説きますが、阿頼耶識が次の世界に輪廻すると、その世界で私たちは新たな体と意識を伴って生まれます。ですから、輪廻する毎にそれぞれの世界で別の体と意識を持つことになります。

ここまで仏教について、仏教は霊魂や魂という永遠不変の実体の存在を否定する、ということについて説明しました。

それではモンローらの見出したことはどうでしょうか。それを見てみましょう。

結論から言うと、仏教とはかなり違います。死後も生前同様、「自分」とか、「私」というものがはっきりとあります。だからこそ、死後の自己の存続ということが言えるのです。仏教はそういう「我」の存在を否定します。

死後の世界で死者は意識を持ちますが、その意識は現世での意識の延長上にあります。意識は連続していて、仏教の言うようには死んだり生まれたりしません。死後、意識は肉体から抜け出し、死後のさまざまな世界へと移っていきます。この過程で意識は生きていたときのことを覚えています。

死後も考えたりできますが、生きていたときほどには明晰には、考えられないようです。ですから、フォーカス23や24～26の信念体系にどっぷり浸かってしまうということが起こります。

また死後の体ですが、生きている段階から持っていた幽体が肉体から抜け出て、そのまま次の世界での体になるというふうに考えられます。幽体はその人の「自己」意識に付随するものです。その人の想念に応じて、いろいろな姿に変わると言われています。

モンローは肉体から抜け出た体から、さらに別のエネルギー体のようなものが出ると言っています。

幽体にしろ、このエネルギー体にしろ、「自分」というものが死後もはっきりとあり、それに付随するものです。

私がここまでお話してきた「自分」とか「自己」とか「私」というものは、一般的に使われる霊魂とか魂とかなり近いものだと思います。

六道輪廻

六道とは、地獄、餓鬼、畜生、修羅、人間、天上の６つの世界です。仏教では、私たちはこれら６つの世界を、車輪が回るようにぐるぐると輪廻していると説きます。

六道を簡単に説明します。

地獄界は、苦しみの絶えない世界です。八大地獄に分かれます。よく絵に描かれるようなものは人間が見てわかるように描いただけで、その実体は説ききれないと言われてます。

餓鬼界は、食物、水のない世界で飢えに苦しむ世界です。飽くなき欲求を追い求め、けっして満たされることがなく、苦しみ続ける世界です。

畜生界は、動物の世界です。弱肉強食の食うか食われるかの世界です。

修羅界は、常に争いを繰り返している世界です。

人間界は、皆さんご存知の人間の世界です。ある意味、ここには他の５つの世界が混在しています。

天上界は、はかない喜びの世界です。喜びの絶頂から突き落とされ、喜びが一瞬にして消え去るときに、地獄の苦以上の苦しみを受けると言われています。

こういった6つの世界を私たちは輪廻していると、仏教は説きます。

それでは、次にモンローらが見出した事柄について見てみましょう。

モンローらも、私たちが輪廻していることを明らかにしています。ただ、輪廻する世界は若干異なります。最大の違いは、畜生界でしょう。これは動物の世界です。モンローらによれば、私たちが動物に生まれ変わることはありません。犬などの動物から初めて人間に生まれてくるということはあります。でもその逆はありません。仏教では、人間は次の生で動物に生まれることもあるとしていますので、この点は明らかに異なっています。

畜生界以外の世界は、フォーカス23～26のどこかの世界と似ています。具体的な詳細では違いますが、欲に追われているとか、苦しんでいるとか、戦いに明け暮れている、という概（おおむ）ねでは一致していると思います。

天上界に相当する世界はどうでしょうか。フォーカス24～26の信念体系の中にある、各種の宗教の疑似天国は、これに近いかもしれません。これについては第五章でお話しました。ひとつの宗教、宗派を信じている人たちの想いがその天国を生み出すのです。そこは見た目には彼らの理想とするような世界です。たとえば、空はいつも青空で、公園のように美しい花々が咲き乱れ、荘厳な大聖堂がそびえ立っています。その中は金色の装飾品で飾られています。

そこに住む住人は仮の満足感を得ています。歴史上の偉大な聖人が何人もそこにはいますので、彼らから直接説法を受けることができます。

そこへ来た人は、疑似のうれしさと喜びで満たされますが、何か変だなと疑問に思い始めると、あるところで、その世界から抜け出します。そのときに真っ暗な世界へと入って行きます。

この疑似天国は天上界に近いと言えるでしょう。ただ、具体的な詳細は仏教の説く天上界とは明らかに異なります。

こう見てくると、仏教で言ってる六道と、モンローらの見出した世界には、ある程度の共通性が見られるものの、具体的な詳細では異なっていると言えます。

宇宙の始まり

仏教では、輪廻には始まりがありません。私たちは始まりのない過去からずっとこの6つの世界を輪廻している、と教えます。また宇宙自体も「無始無終」です。宇宙自体も輪廻します。「成住壊空（じょうじゅうえくう）」を繰り返していると言われます。成住壊空とは、生まれ成長し、安定期間があって、崩れ、無になる、ことです。これを繰り返すわけです。

なぜこのように始まりがないとするかと言うと、始まりがあるとすると、必ず「その前は？」ということが問題になってくるからです。時間も生まれたから、その前はない、とすればいいとは思いますが、そういう論理は採用しないのです。

この点、現代宇宙論は、宇宙の始まりと同時に時間も生まれたとします。ですからその前はありません。その前のことを悩む心配はいらないのです。

ただし、一番最初の時間ゼロでは、密度、重力、温度が無限大に発散し、一般相対性理論などあらゆる物理法則が破綻するという問題が、どうしてもあります。これを特異点問題と言います。時間ゼロでは、この宇宙のすべてが一点に集中します。その点の大きさもゼロになります。ですから、こういう特異点問題が出てくるのです。

イギリスの物理学者ホーキングはこの問題を回避するために、虚時間という概念を導入しました。私たちの知っている時間は実数ですが、それが虚数の場合を考えたのです。それが具体的にどういうものかは、私たちには把握できません。虚時間を考えると、宇宙の始まりの持つ特異点問題を回避できます。

それはアインシュタインの相対論の中に出てくる距離を表す式で、時間と空間がまったく同じ扱いになるからです。虚時間を考えると、時間も空間も同じものになります。そうすると、宇宙の始まりの虚時間の世界では、時間も空間も差がない、閉じた球のような世界になります。ちょうど地球の表面のどこにも始まりがないように、この閉じた世界には始まりがありません。この虚時間の世界から、実時間の世界が量子論的トンネル効果で生まれたとします。

ちょっと脱線しますが、この虚時間の世界から、空間が虚数の世界が生まれてきてもいいわけです。そういう宇宙が、私たちの住むこの宇宙とは独立に、存在している可能性は大いにあります。

宇宙論や量子論にくわしくないと、何のことやら、わからなかったかもしれませんね。

話を元へ戻しましょう。

仏教では、私たちは始まりのない過去から輪廻しているとします。また、宇宙自体も輪廻しているとします。

これに対して、モンローらは、人間の輪廻には始まりがあることを明らかにしています。私たちはあるところで、この地球生命系へ入ってきたのです。それは確かに、はるかな昔ですが、私たちの輪廻に始まりがなかったわけではありません。意識の歴史については第三部でお話しました。

この辺は仏教とは明らかに違います。

創造主

最大の違いは創造主の有無でしょう。仏教は宇宙を創った創造主というものの存在を認めません。仏教に出てくる神々は、輪廻する迷いの存在です。また仏とはあくまでも、悟りを開いた存在で、宇宙を創ったりしません。

仏教で創造主を考えないのは、ひとたび創造主の存在を認めると、「創造主を創ったのは誰?」とか、「どうして存在するようになったの?」という疑問に答えなければならなくなるからでしょう。そうすると、創造主を創った創造主、それを創った創造主、それを創った創造主……となり、無限に続くことになります。つまり無始の状態になります。だったら始めから無始にしたほうがいいと、考えたからに違いありません。

創造主が時間も創った、というふうにすれば解決するかというと、そうではありません。そもそもどうして創造主が存在するのか、について答えていないからです。

たとえば、キリスト教の創造主がどうして存在するようになったのか、については何も答えていません。そういう点で、論理として不備です。論理を超越する存在だと言えば、それでいいとは思いますが。

不思議なのは、「無から自然にひょっこり生まれた」とすれば、一番すっきりすると思うのに、こういう自然発生的な考えを、仏教は取っていません。

それではモンローらの見い出したことはどうでしょうか。

第三部でお話したように、創造主の存在を認めます。私たちの意識レベルのはるかに上のほうに、無条件の愛の源として、創造主が存在するとします。ここへの回帰が全人類の目的だとしています。創造主がどうして存在するようになったのか、についてはモンローらもわかっていません。そこまでの叡智を得る段階には達していないのです。

『究極の旅』で、モンローは創造主について次のように述べています。

この、我々の創造主とは、

●我々が人間として生きている限りは、我々の理解を超えている。
●我々もその一部として参与している進行中のプロセスの設計者である。
●我々の理解の及ばないようなことにも、目的を持っている。
●右のプロセスにおいて、必要に応じて調節、微調整を行なう。
●万人、万物に適用される単純な法則を定める。
●崇拝も賛美も、おのれの存在を認めることも要求しない。
●「悪」や「あやまち」を罰しない。
●我々の人生での行ないに関して、勧めたり妨げたりしない。

『究極の旅』(日本教文社)

補遺

一・モンロー研究所について

モンロー研究所は1970年代にロバート・モンローとその支援者たちにより設立された非営利団体です。人間意識について探求することを目的としています。モンローらはヘミシンクという音響技術を開発し、誰でもそれを聴くことで、さまざまな変性意識状態を体験できるようにしました。モンロー研究所では、ヘミシンクを聴くためのプログラムを随時開催しています。

また、私はモンロー研究所の公認レジデンシャル・ファシリテーターであり、モンロー研やアクアヴィジョン・アカデミーでモンロー研究所の公式プログラムを日本語で開催しています。アクアヴィジョン・アカデミーにはモンロー研究所公認アウトリーチ・ファシリテーターが7名所属していて、さまざまなヘミシンク・セミナーを日本各地で開催しています。

モンロー研究所で開催されるプログラムには次のものがあります。

●**ゲートウェイ・ヴォエッジ**＝入門のためのプログラム、最初は全員これに参加します。フォーカス10、12、15、21を体験します。

●**ガイドラインズ**＝自分のガイドとつながるためのプログラム。
●**ライフライン**＝フォーカス23に囚われている人たちを救出するプログラム。フォーカス24～26と27についても探索します。
●**エクスプロレーション27**＝フォーカス27のさまざまな場を探索します。さらにフォーカス35も探索します。
●**ハートライン**＝心（ハート）にある障壁を取り除き、ハートを開いてもっと愛情を感受し、表現できるようにするプログラム。主にフォーカス18を体験します。
●**MC2**＝念力・ヒーリングについて実践的に学ぶプログラム。フォーカス11を体験します。
●**スターラインズ**＝フォーカス35、42、49、さらに上を探求するプログラム。I・T（向こうの自分）、I・Tクラスター（向こうの自分の集合体）、I・Tスーパー・クラスター（向こうの自分の超集合体）を体験します。さらに、太陽系内の諸惑星、太陽系外の星（シリウス、ケンタウルス座アルファ、プレアデスなど）、銀河系のコア、銀河系外銀河（アンドロメダ銀河など）、銀河団を探索します。
●**スターラインズⅡ**＝スターラインズと同じフォーカス・レベルを体験しますが、アセンションということにより注目します。自分を通して、地球コアと銀河系コアを結ぶということを行ないます。それにより、地球生命系全体のアセンションを加速します。
●**そのほか**にもいくつかのプログラムがあります。

これらのうち、ゲートウェイ・ヴォエッジとライフライン、エクスプロレーション27、スターラインズ、スターラインズⅡは、日本でも開催されます。

二・モンロー研究所との出会い・ガイドの導き――質問に答えて

Q　どうして死後世界を研究するようになったのですか

体外離脱体験をしたのがきっかけです。自分が自分の体から抜け出たんですね。ひょいっと。そうすると自分って肉体とは関係なく存在するんです。びっくりしましたね。それまで自分とは肉体と切り放せないもの、と言うか、肉体そのものだって思ってましたから。

それが、自分が体から離れても存在できるんです。と言うか、肉体のほうは単なる入れ物、容器みたいなものなんですね。自分というものは、肉体とは別にあって、たまたま肉体の中に普段は入っていた。こういうことがわかりました。

Q　その体験はその後の人生に影響を与えましたか

ものすごい影響を与えましたね。初めて体脱したのは35才ぐらいのときだったんですが、人生観というか世界観というか、自分が世の中はこうだって考えていたことが根底からくつがえされてしまいました。

人間35ぐらいにもなると、世の中のことがだいたいわかった気になって、あらゆることに対して自分の考えができあがってくるものです。ある意味大人になるのは、そういうことだと思います。自分の価値観がしっかりしてきます。

私はコチコチの物質論者でした。つまりこの世のすべての現象は物質で説明できると考えたわけです。大学で物理を専攻したからもありますが、人間の精神活動、意識も脳内の物理化学現象ですべて説明がつくと考えていました。

体外離脱体験はそういう信念を根本からひっくりかえしてしまいました。物質論は間違っていることが、はっきりしたわけですから。もちろんこれは個人的な体験で人に証明できるようなしろものではありませんでしたが。

それまでは物質的なもの以外の存在を考えてもいなかったのですが、この体験から精神的なもの、霊的なものの存在が否定できなくなりました。また人の感情とか心とか、自分ではそれまではそれほど重きを置いてなかった部分に、注目せざるをえなくなりました。

それから、それまでは良識の範囲内で人に親切にするとか、悪いことはしないとかがいいことだとは思ってましたが、この体験後、精神世界や宗教で言われているような因果応報的なものが、もしかしたら真実なのではないだろうかと思うようになりました。

何で今まで誰も教えてくれなかったんだ、冗談じゃないよ、って思いましたよ。当時の私としては、すでに自分の価値観が確立されていたわけで、その上に安住していたわけですよ。35にもなって今さら変えられても、正直言って困るわけです。そんなのないよって思いましたね。

Q　そのとき受けたショックは相当のものだったんですね

そうです。たとえてみればこんなものです。何かのゲームを一生懸命やっていて、その半ばに来て突然ルールがぜんぜん違うことに気が付いたようなものです。

サッカーをやっていてハーノタイムになって、審判から、

「敵に点をたくさん取ってもらったほうが勝ち」

なんて言われたようなものです。

「え！　何で？」

びっくりするでしょう。今まで自分がこれが正しい、こうすれば幸せになれると信じて生きてきたことが、そうじゃないんだよって、途中になって言われたようなものです。

それまでは競争に勝って偉くなっていくのがいいことだと、知らず知らずのうちに教え込まれていたわけですよ。社会全体から、いつの間にかそういう信念が、しっかりと心の中に埋め込まれていたわけです。

一生懸命勉強していい大学を出ていい会社に入り、業績を上げる。私は技術者でしたから、

すばらしい発明発見をしたり、世にない製品を開発する。こうするのがいいことで、そのために努力することが善だと思っていました。

みなそう思ってますよね。人生で成功するというのは、金を儲けるか、有名になるか、出世するか、そんなふうにみな考えているはずです。幸せになるというのが究極の目的ですが、幸せとは、結局のところ、金、財産、地位、名誉、家庭、立派な家、健康そんなふうに考えています。

ところが、本当にそうなのかって、あの体験から考えるようになりました。人に親切にすることとか、やさしくすることとかのほうがはるかに価値があり、重要なんじゃないのかってね。怒りや、愚痴、恨み、憎しみの感情はそれ相応の結果を生み出しているのではないかなって。

こう考えるようになったのは、仏教の大無量寿経を読んだこともあります。

大無量寿経には、次のように書かれているんです。

「世間のこのような人は、善を実行するから善が得られ、道を実行するから道が得られるということを信じない。人が死んでまた生まれるということ、与えることによって福を得るということを信じない。善悪にかかわることは一切これを信じない。そんなことはないと言って、ついにこれを肯定することがない。（世間のこのような人は）このように生き、ものごとをこのように見る。先に生まれた者がこのようにものごとを見、後の者もこれに同じく、互いにこのように見るばかりである。子は父に教えられた通りに受け継いで（ものごとをこのように）見る。父も祖父ももとより善を実行してはいないし、正しい生き方も知らず、身心ともに愚昧であり、心も意志も閉ざされ、死んで後に行く所も、善悪の道も自分では見ることができず、教えてくれる者もなく、吉凶禍福次々に起こっても、一つとして不思議に思うことがなかったのだ。（中略）教え導いてもこれを信ずる者は少ない。それ故に、生死の繰り返しは止むことがないのだ。このような人々は、見る眼もなく、了知する知性もなく、経典の教えるところを信じもしない。はるかなものを見るということがなく、皆（目前の）快楽を追い求めるばかりである。愛欲に迷って、正しい生き方に達することなく、怒りに溺れて、財貨や色欲を貪るのである」

『岩波文庫、浄土三部経　上　（大無量寿経）』の梵文和訳。

つまり、父も祖父も世間の誰も、何が正しい生き方かを知らず、ただただ欲を追い回して生きて来たし、これからもそうしていきます。それ以外の生き方は知らないのです。

何ということだと思いましたね。ゲームはとうに始まっているのに、ルールを勘違いしてプレーしている。ゲーム終了の間際になって、ルールが違っていたことに気がついても、遅いのだと思いました。

私たちは皆、死ぬ間際になって初めて、今までの人生、何か見当違いのことに、一生懸命になっていたことに、気が付くのではないでしょうか。今までやってきたことは、すべて何だったのかと、最後になって嘆いても遅いのです。

体外離脱体験には、もうひとつ影響があります。

普通、臨死体験者とか、体外離脱を体験して肉体を離れての自己の存続を知った人は、死が怖くなくなると言うんですね。死んでも自分はそのまま生き続けるのがはっきりしたから、もう死は怖くないって言うんです。

ところが私の場合は違いましたね。死後自分が存続することに対する疑いはなくなったんですが、だからと言って死が怖くなくなったかというと、全然そんなことはなかったんです。死は依然として恐怖でした。

私は子供のころから無常観が強かったんです。つまり死の恐れが人一倍強く、夜一人で眠るときに、真っ暗闇の中に突き落とされて、もがき苦しんだことが何度かありました。ですから死後はどうなっているんだって、ものすごく興味がわいてきましたね。

ちょっと余談になりますが、実は高校のときに友達10名ぐらいと作った文学作品集があるんですね。それを30年ぶりぐらいに読み返す機会があったんです。もう一度何か作ろうじゃないか、ってことになって。

それを見て驚きましたね。すっかり忘れていたんですが、あのころから死について書いているんです。よっぽど死が気になっていたということですね。

当時は、死後は無だと思ってましたが、そこに何とも言えない無常観を感じてました。だから平家物語は大好きでした。今でも好きです。過去世で平家か源氏の武将だったと思っています。実際、そういう過去世も垣間見たことがあります。

ちょっと話がそれてしまいましたが。

Q そういう興味からモンロー研究所へ行かれるようになったんですか

結果的にはそうなりましたが、その前にまだ紆余曲折がありました。実は仏教をかなり勉強したんです。仏教に答えがあるんじゃないだろうか、と思いましたので。

私は仏教で言ってることは、詳細はともかくとして本質的には正しいと思ってます。つまり輪廻から抜け出る必要があること、そしてそれは可能だとしている点です。

ただ、解脱する方法の具体的なところで、頭でっかちな現代人には、なかなか受け入れられない部分があるんじゃないかと思います。つまり昔の人はそういった方法でうまくいったかもしれないが、今の私たちのように、あまりに科学的論理的思考を身に付けてしまった人たちには、少し無理があるように思えます。

私が仏教を離れ、モンロー研究所の門をたたいたのはそういう理由からです。

Q　モンロー研究所ではどういう体験をされたのですか

具体的な体験については『死後体験Ⅰ～Ⅳ』に譲りたいと思います。ともかく驚きの連続でした。自分の持っていたいろいろな疑いとか、先入観とかが、一連の体験を通してかなりなくなりましたね。

Q　死の恐怖はどうすればなくなりますか

どうして人間は死を恐れるのかわかりますか。それは死んだ先がどうなっているのか皆目見当がつかないからです。

それと、私たちは過去世で何度も死んでいますが、そのときの体験を心の奥底で覚えているからです。かなりつらく苦しい体験、言ってみれば悪夢のような体験です。

私はなぜか知りませんが、ときどき、ふっと思うことがあったんです。それは、死後の自分が、真っ暗なところに来ているんですが、以前もここに来たことがあるのに、何ですっかり忘れていたんだろうって思っているんです。なぜかそういう感覚というか、おぼろげな記憶があるんですね。

死の恐怖をなくすには、ひとつに死後の世界の構造を理解することが必要になります。それから、その中でより良い世界に行くにはどうすればいいのか、しっかりと把握することです。第二部に詳しくお話ししましたが、死後の世界には、いくつもの世界があります。

心の持つさまざまの感情や思いが、それらに応じたさまざまな振動の波を生み出します。死後、私たちは、自分の心の振動数がもっとも共鳴する世界へ、引き寄せられていきます。これは、誰かが仕切っているのではなく、自動的に起こります。

たとえば、性的なことにものすごい魅力を感じる人は、そういう人たちが集まっている世界へ吸い寄せられていきます。無理やり行かされるのではなく、喜んでその中へ飛び込んでいくのです。ただ、その世界は互いに性的に求め合っても満たされずに、永遠に求め続ける人たちが、群れを成しているところです。

「死後は無だ、何にもない」と思っていた人は、真っ暗闇の何もない世界へ独りぽつねんといることになります。その場にそれこそ永遠にいることもあります。ある意味自分の想いが実現される世界です。

死後、フォーカス27へ行くのが理想となります。そのためには、生きているうちに何度もそこへ行っておくということが必要です。

またガイドと親しくなっておくというのも大切です。ガイドを信頼できるようになること、任せきれるようになる、というのが理想です。そのためには、生きているうちからガイドと交信ができるようになり、いざというときに、確信できるようにしておきます。

そのためには、ヘミシンクを聴くのがもっとも効果的で、モンロー研究所やアクアヴィジョン・アカデミーで開催するヘミシンク・プログラムに参加できればさらに効果的と言えます。

あとがき

モンロー研究所での体験を通して見出されてきた事柄について、特にどうしたら永久に幸せを得られるかについてお話しました。モンローやモーエンの体験と私自身の体験が元になっています。この本は、モンロー学の集大成と言ってもいいでしょう。

モンローやモーエンは、アメリカというキリスト教がベースにある文化圏で育った人たちです。彼らには仏教的な知識や素養をさほど持ち合わせてはいませんが、見い出されてきたことは、かなりの部分が仏教の説くところと近いのではないのか、と私には思えます。少なくともキリスト教の教えるところとはまったく異なっています。輪廻ひとつとってもそれはわかります。

そういった背景から、この本は仏教で使われる言葉をところどころ使って書きました。そのほうが仏教的な価値観が文化的な背景としてある私たち日本人にはわかりやすいと思ったからです。モンローらが体験的に見出してきたことを、仏教的な観点や概念と比較検討するということも第四部で行ないました。
これは私としては初めての試みです。今までの本は、できるだけ宗教色を出さずに、体験したことをありのまま記述するということに、主点を置いてきました。そうすることで、客観性を出そうとしたためです。それから、固定観念や先入観に囚われないようにするという理由もありました。今後とも体験談についてはそのスタンスは変えないつもりです。

ここでこの本を終わるにあたってこの本で言いたかったことをまとめます。
それは、次です。

●死後を探求することは可能です。
●人間は死後も存続します。
●死後にはさまざまな世界が存在します。
●どこへ行くかは、「類は友を呼ぶ」の原理に従います。
●その中のフォーカス27へ行くことが当面の目標になります。
●それは自分のガイド（指導霊）と呼ばれる存在と親しくなり、ガイドの導きで可能となります。
●死の不安、恐怖はガイドとの信頼関係ができあがることでなくなります。

●私たちは遠い過去から輪廻してきています。
●究極の目標は輪廻からの卒業です。
●輪廻の原因は、生命欲から生じるさまざまな欲と、ありとあらゆる感情、それに地球生命系で身に付いた誤った物の見方、信念、価値観です。
●スーパー・ラブ（生命エネルギー、無条件の愛）を学び、それを自ら発する人になれば、輪廻から卒業できます。
●そのためには、スーパー・ラブの源とのつながりを完全に取り戻し、スーパー・ラブによって完全に満たされることが必要になります。
●そうすることで、輪廻の要因が消え去り、輪廻から卒業できます。
●卒業は死後に起こります。
●生きている段階でも、心のさまざまな障壁を段階的に取り除いていくことはできます。そうすることで、スーパー・ラブの源とのつながりが回復していきます。最終的にスーパー・ラブの源と永久的なつながりができて、永久（とわ）の幸せを得ることができます。ただ、この段階では欲や感情はそのまま残ります。それらは死後に初めてなくなります。
●この道は、自分の内面奥深くに、誤った信念や価値観によって覆い隠されている真実の自分とのつながりを回復していく道でもあります。真実の自分は、スーパー・ラブそのものです。

●このプロセスを進めるには、以下を行なっていくといいでしょう。

1）ガイドを信頼し、その導きに従う

2）ヘミシンクを聴く

3）心から笑う

4）愛情体験を思い出す

5）思いやりの心を持つ

6）誤った信念、価値観から自由になる

7）生命エネルギーを体内に取り込む

参考文献&ウェブサイト

モンロー研究所

住所　The Monroe Institute, 365 Roberts Mountain Road, Faber, Virginia 22938-2317, USA
電話　米国 (434)-361-1252
ウェブサイト：　http://www.monroeinstitute.org/

（株）アクアヴィジョン・アカデミー

〒２８７−０２３６　千葉県成田市津富浦１２２８−３
電話 0476-73-4114（CD販売）、03-3267-6006（セミナー案内） http://www.aqu-aca.com

体外離脱・死後世界

１）Robert A. Monroe, "Journeys Out of the Body" (Doubleday & Company, Inc. 1971) 邦訳「ロバート・モンロー「体外への旅」」（ハート出版）、
２）Robert A. Monroe, "Far Journeys" (Doubleday, 1985)　邦訳　「魂の体外旅行」（日本教文社）
３）Robert A. Monroe, "Ultimate Journey" (Doubleday, 1994) 邦訳　「究極の旅」（日本教文

社）
４）Bruce Moen, Voyages into the Unknown. (Hampton Roads Publishing Company, Inc., 1997) 邦訳「死後探索１　未知への旅立ち」（ハート出版）
５）Bruce Moen, Voyage Beyond Doubt. (Hampton Roads Publishing Company, Inc., 1998) 邦訳「死後探索２　魂の救出」（ハート出版）
６）Bruce Moen, Voyages into the Afterlife. (Hampton Roads Publishing Company, Inc., 1999) 邦訳「死後探索３　純粋な無条件の愛」（ハート出版）
７）Bruce Moen, Voyage to Curiosity Father. (Hampton Roads Publishing Company, Inc., 2001) 邦訳「死後探索４　人類大進化への旅」（ハート出版）
８）坂本政道、「体外離脱体験」（幻冬舎文庫）
９）坂本政道、「死後体験Ⅰ～Ⅳ」（ハート出版）
10）坂本政道、「ピラミッド体験」（ハート出版）

トランスパーソナル心理学

１）スタニスラフ・グロフ他、「深層からの回帰」（青土社）

ヘミシンク

１）Ronald Russel, Focusing the Whole Brain. (Hampton Roads Publishing Company, Inc.,2004)　邦訳「全脳革命」（ハート出版）

仏教

1）源信著、石田瑞麿訳注、「往生要集（上）（下）」（岩波文庫）
2）中村元、早島鏡正、紀野一義訳注、「浄土三部経　上（大無量寿経）、下（観無量寿経・阿弥陀経）」（岩波文庫）
3）仙波芳一、「図解雑学　親鸞」（ナツメ社）
4）高森顕徹監修、「なぜ生きる」（一万年堂出版）
5）多川俊映、「唯識十章」（春秋社）
6）「禅の本」（学研）
7）「真言密教の本」（学研）

その他

1）岸本英夫、「死を見つめる心」（講談社文庫）
2）養老孟司、「死の壁」（新潮社）
3）養老孟司、「唯脳論」（青土社）

著者紹介／**坂本政道** さかもとまさみち

モンロー研究所公認レジデンシャル・ファシリテーター

（株）アクアヴィジョン・アカデミー代表取締役

1954年生まれ。東京大学理学部物理学科卒、カナダトロント大学電子工学科修士課程修了。

1977年～87年、ソニー（株）にて半導体素子の開発に従事。

1987年～2000年、米国カリフォルニア州にある光通信用半導体素子メーカーSDL社にて半導体レーザーの開発に従事。2000年、変性意識状態の研究に専心するために退社。2005年2月（株）アクアヴィジョン・アカデミーを設立。

著書に「体外離脱体験」「超意識 あなたの願いを叶える力」（幻冬舎文庫）、「死後体験シリーズⅠ～Ⅳ」、「絵で見る死後体験」「2012年目覚めよ地球人」「分裂する未来」「アセンションの鍵」「あなたもバシャールと交信できる」「坂本政道 ブルース・モーエンに聞く」「東日本大震災とアセンション」（以上ハート出版）、「人は、はるか銀河を越えて」（講談社インターナショナル）、「体外離脱と死後体験の謎」（学研）、「楽園実現か天変地異か」「屋久島でヘミシンク」「地球のハートチャクラにつながる」（アメーバブックス新社）、「５次元世界の衝撃」（徳間書店）、「バシャール×坂本政道」（VOICE）「宇宙のニューバイブレーション」（ヒカルランド）などがある。

最新情報については、
著者のウェブサイト「体外離脱の世界」（http://www.geocities.jp/taidatu/）とアクアヴィジョン・アカデミーのウェブサイト（http://www.aqu-aca.com）に常時アップ

増補改訂
死の「壁」を超える
スーパー・ラブ SUPER LOVE
本物の幸福、愛とは？

平成23年7月6日　第１刷発行

著者　坂本政道
発行者　日高裕明
発行　ハート出版

〒171-0014　東京都豊島区池袋３－９－23
TEL03-3590-6077　FAX03-3590-6078
ハート出版ホームページ　http://www.810.co.jp
©2011 Sakamoto Masamichi　Printed in Japan

乱丁、落丁はお取り替えします。その他お気づきの点がございましたらお知らせ下さい。
ISBN978-4-89295-689-8　カバー・デザイン　サンク
編集担当／藤川　印刷／大日本印刷

坂本政道の本

本体1500円（「ピラミッド体験」除く）

アセンションの鍵
2012年とアセンションの大きな誤解。バシャールとの交信が真実を明らかにする。

ピラミッド体験
バシャールが教えたピラミッド実験で古代の叡智が明らかになる。
本体1800円

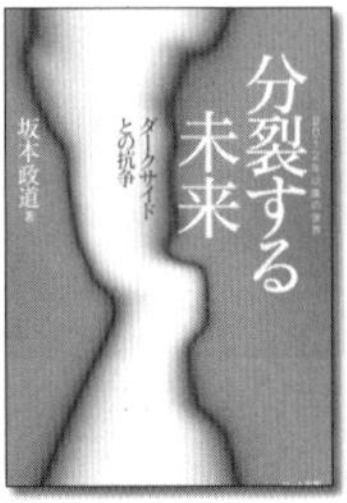

分裂する未来
バシャールとの「交信」で明らかになった「事実」。ポジティブとネガティブ、未来を選ぶのはあなた。

2012年目覚めよ地球人
2012年は一大チャンスだ。人類は「輪廻」から卒業する。

死後体験
日本人ハイテクエンジニアによる世界観が一変する驚異の体験報告。

死後体験Ⅱ
死後世界を超えた先は宇宙につながっていた！本当に生きながら死後の世界が垣間見えるのか？

死後体験Ⅲ
意識の進化とは？近未来の人類とは？さらなる探求で見えた驚愕の世界。

2012人類大転換
我々はどこから来たのか？死後世界から宇宙までの数々の謎が解き明かされる。